HIPPOCRENE BEGINNER'S SERIES

BEGINNER'S DUTCH

HIPPOCRENE BEGINNER'S SERIES

BEGINNER'S DUTCH

Fernand G. Renier

HIPPOCRENE BOOKS, INC.
New York

First published in 1941.

For information, address:
HIPPOCRENE BOOKS, INC.
171 Madison Avenue
New York, NY 10016

ISBN 0-7818-0735-2

Printed in the United States of America.

TABLE OF CONTENTS

FOREWORD

THIS method has been worked out with various groups of students at the City of London College and with groups of employees of firms in the City with Dutch and Dutch East Indian branches. Up to this stage of the experiment, skeleton lessons in Roneo have been handed out to the students for study and reference, and based on this frame, the lessons have been carefully graduated and certain simplifications of the text have been made as indicated by experience.

Certain illustrations are meant to be a pictorial help to aid the comprehension of the text by visual means. A number of the vignettes and smaller illustrations depict scenes discussed in the lessons. Other more important illustrations depict scenes similar to those described in the text, and give the teacher scope to enlarge the lesson, allowing him a greater freedom, if desired, in using the book.

The method itself is based on the following principle: the student must hear correctly before he can attempt to pronounce correctly. The hearing and full understanding of the sounds of the spoken word must always precede the attempt to reproduce them. The earlier dictations therefore are passages, the meaning of which the student is not intended to understand. He will thereby be forced to give his whole attention to hearing the sounds, being unable to hear by an approximation depending on memory or recognition of words such as tends to occur in dictation of known passages.

The practice of word-dictation (akin to the phonetic method of the 'nonsense'-dictation) has also been applied.

This method is primarily based on phonetics, but phonetic theory has not been brought to the fore as students usually prefer the absence of phonetic symbols in the text. To teachers and students with knowledge of phonetics, the short Phonetic Appendix will be of use.

Adult and evening students are on the whole unfamiliar with formal grammar in that either they have never learned it or they have forgotten it. Every new point of grammar is therefore explained. This method has been planned throughout so that it will be of use not only to the class student but also to the student who is unable to obtain tuition or who wishes to learn Dutch on his own.

FERNAND G. RENIER.

London, *August* 1940.

EERSTE LES LESSON ONE

Pronunciation exercise:

1.	piet	5.	pijt=peit	9.	put
2.	pit	6.	paat	10.	poot
3.	peet	7.	pat	11.	poet
4.	pet	8.	pot	12.	puut

A general description and a phonetic rendering of the Dutch sounds introduced in this lesson will be found at the back of this volume in the Phonetic Appendix.

Numerals:

1.	een	5.	vijf	9.	negen
2.	twee	6.	zes	10.	tien
3.	drie	7.	zeven	11.	elf
4.	vier	8.	acht	12.	twaalf

Personal Pronouns and Present Tense of verb 'to be':

Infinitive: to be=zijn

Singular	1.	ik ben	= I am	ben ik?
	2.	jij bent	= you are (thou art)	ben jij?
	3.	hij is	= he is	is hij?
		zij is	= she is	is zij?
		het is	= it is	is het?
Plural	1.	wij zijn	= we are	zijn wij?
	2.	jullie zijn	= you (people) are	zijn jullie?
	3.	zij zijn	= they are	zijn zij?
Sg.+Pl.	2.	U bent, U is	= you are	bent U? is U?

jij . . . used familiarly to one person.
jullie . . . used familiarly to more than one person.
U . . . used formally to one or more persons.
U bent=U is . . . entirely a matter of choice.
jullie zijn=jullie bent . . . entirely a matter of choice.

Note : (1) In the plural (with the exception of the politeness form) the verb takes the form of the infinitive.
(2) The verb of the politeness form is either that of the second or the third person singular.

Present Tense of regular verb :

Infinitive: to look=kijken

Sg.	1.	ik kijk	=	I look, I am looking, I do look.
	2.	jij kijkt	=	you look, you are looking, you do look.
	3.	hij kijkt	=	he looks, he is looking, he does look.
		zij kijkt	=	she looks, she is looking, she does look.
		het kijkt	=	it looks, it is looking, it does look.
Pl.	1.	wij kijken	=	we look, we are looking, we do look.
	2.	jullie kijken	=	you look, you are looking, you do look.
	3.	zij kijken	=	they look, they are looking, they do look.
Sg. + Pl.	2.	U kijkt	=	you look, you are looking, you do look.

Sg.	1.	kijk ik ?	=	do I look ?	am I looking ?
	2.	kijk jij ?	=	do you look ?	are you looking ?
	3.	kijkt hij ?	=	does he look ?	is he looking ?
		kijkt zij ?	=	does she look ?	is she looking ?
		kijkt het ?	=	does it look ?	is it looking ?
Pl.	1.	kijken wij ?	=	do we look ?	are we looking ?
	2.	kijken jullie ?	=	do you look ?	are you looking ?
	3.	kijken zij ?	=	do they look ?	are they looking?
Sg. + Pl.	2.	Kijkt U ?	=	do you look ?	are you looking ?

N.B.—The general rule is that the 2nd person sg. fam. loses its *t* in the interrogative.

The Negative:

niet = not.

ik ben ziek.	ik ben niet ziek.	= I am ill.	I am not ill.
ben ik ziek?	ben ik niet ziek?	= am I ill?	am I not ill?

ik kijk niet = I do not look, I am not looking.
jij kijkt niet = you do not look, you are not looking.
etc. etc.

Nouns. Gender:

Nowadays Dutch has only two genders. The Common (combining former masculine and feminine) and the Neuter.

The Definite Articles are:

de for the Common Singular.
het for the Neuter Singular — *de* for all Plurals.
de stoel
het boek — de stoelen, de boeken.

The Indefinite Article is:

een; it has no plural.

Plural of nouns:

general rule: add -en.

Reading Matter:

De tafel is in het midden van de eetkamer. Er zijn vier stoelen om de tafel. Er is een stoel aan elke kant van de tafel. Het tafellaken is helderwit. Er is eten op tafel. Het ontbijt is gereed. Een bord ligt voor elke stoel, en mes en vork liggen naast elk bord. Het mes ligt rechts, en de vork ligt links van het bord. Er is ook een lepel voor Piet. Piet is nog jong; hij eet een bordje pap en drinkt een glas melk. Het brood ligt op de broodplank en er is een aantal sneetjes brood in de broodschaal. De kaas, de ontbijtworst, de jam en de ontbijtkoek zijn nog op het buffet. Moeder wacht tot wij allemaal beneden komen. Ik ben nog niet klaar, maar ik hoor vader op de trap.

N.B.—There is a phonetic transcription of this Reading Matter in the Phonetic Appendix.

Exercise 1. Answer the following questions in Dutch :

1. Waar is de tafel ?
2. Hoeveel stoelen zijn er om de tafel ?
3. Wat is de kleur van het tafellaken ?
4. Is de kaas op tafel ?
5. Wie eet pap ?
6. Waar is het brood ?
7. Waar is vader en waar is moeder ?

(N.B. de kleur=the colour.)

Exercise 2. Translate into Dutch :

1. She is looking.
2. He is not looking.
3. He does not look.
4. You are ill. (formal.)
5. Are you ill ? (formal.)
6. Aren't they looking ?
7. Doesn't he look ?
8. We look.
9. We are looking.
10. You people do not look.

Exercise 3. Translate into Dutch :

1. The spoon lies to the right of the plate.
2. There is bread on the bread-board.
3. There is one chair in the middle of the room.
4. A knife and a fork and also a spoon are on the side-board.
5. Father waits until Peter looks.

Vocabulary :

N.B. It is necessary to learn noun and article at the same time.

de kamer	the room
de trap	the stairs
de eetkamer	the dining-room
de tafel	the table
de stoel	the chair
het buffet	the sideboard
het tafellaken	the tablecloth
het bord	the plate
het mes	the knife
de vork	the fork
de lepel	the spoon
het glas	the glass
de broodschaal	the bread-dish
de broodplank	the breadboard
het ontbijt	the breakfast
het eten	the food
de melk	the milk
het brood	the bread (loaf)
het sneetje	the slice
de kaas	the cheese
de (ontbijt)worst	the (breakfast) sausage
de jam [də ʃɛm]	the jam
de (ontbijt)koek	the (breakfast) cake
de vader	the father
de moeder	the mother

het aantal	the number
het midden	the middle
de kant	the side

rechts	(to the, on the) right
links	(to the, on the) left
beneden	downstairs, below

niet	not
nog	yet, still
elk	each
allemaal	all of us

(helder)wit	(pure) white
helder	bright
jong	young
klaar	ready

eten	to eat
drinken	to drink
wachten	to wait
komen	to come
horen	to hear

in	in
om	round
aan	at
op	on
voor	before, in front of
naast	beside, at the side of
van	of
tot	until

Tweede Les — Lesson Two

Pronunciation exercise :

13.	teun	18.	hooi	fat	faat
14.	tuin	19.	hoei	vat	vaat
15.	toun = taun	20.	eeuw	wat	waat
16.	deur	21.	ieuw		
17.	haai				

For a description and a phonetic rendering of these sounds, see the Phonetic Appendix at the end of this volume.

Present Tense of the verb 'to have' :

Infinitive: to have = hebben

Sg.	1.	ik heb	= I have	heb ik ?
	2.	jij hebt	= you have (thou hast)	heb jij ?
	3.	hij heeft	= he has	heeft hij ?
		zij heeft	= she has	heeft zij ?
		het heeft	= it has	heeft het ?
Pl.	1.	wij hebben	= we have	hebben wij ?
	2.	jullie hebben	= you (people) have	hebben jullie ?
	3.	zij hebben	= they have	hebben zij ?

Sg. + Pl. 2. U hebt ; U heeft   hebt U ?   heeft U ?

The Personal Pronouns :

		Stressed forms. accent on pronoun :	Weak forms. accent on verb :
Sg.	1.	ik ben	'k ben
	2.	jij bent	je bent
	3.	hij is	*(ie is)
		zij is	ze is
		het is	't is
Pl.	1.	wij zijn	we zijn
	2.	jullie zijn	jullie zijn
	3.	zij zijn	ze zijn
Sg. + Pl.	2.	U bent, is	U bent, is

* Common in speech, but rarely written.

Word Order :

There are two ways of classifying words :

(1) by *analysis*, answering the question : 'What kind of a word is it ?'

Words are put into various categories ; they are, for instance, nouns, articles, adjectives, adverbs, pronouns.

This classification regards the words as independent units.

Mijn broer ziet de man. (My brother sees the man.)
mijn =possessive adjective
broer =noun
ziet =verb (3rd pers. sing., Pres. Tense)
de =definite article
man =noun

(2) by *parsing*, answering the questions: 'What is this word's function in the sentence ? What part does it play ?'

Words are here considered either singly or in groups.

mijn broer =subject
ziet =verb
de man =direct object

In acquiring Dutch it will be of great advantage to the student if he familiarizes himself with the two methods of classification in his own language.

The Dutch word order differs in many ways from the English. Never translate word for word : this may result in nonsense. The principal rules to be followed are given here. To simplify the explanation we shall use :

S for *S*ubject
V for *V*erb
RRR for *R*est of the sentence
R for one or more words (neither Subject nor Verb) placed in an unusual position.

Rules :

1. The ordinary statement : S V RRR
   Mijn oom komt om vijf uur naar ons huis.
   S V RRR
   (My uncle is coming to our house at five o'clock.)
2. The question : V S RRR ?
   Komt mijn oom om vijf uur naar ons huis ?
   V S RRR
   (Is my uncle coming to our house at five o'clock ?)
3. The emphatic statement : R V S RR
   Om vijf uur komt mijn oom naar huis.
   R V S RR
   (At five o'clock my uncle is coming home.)

N.B.—If the sentence is opened by words which are neither subject nor verb there is inversion, i.e. subject and verb change places. (This is done to stress the fact that the uncle is coming home *at five o'clock.*)

Reading Matter :

Ik heb een kamer op de eerste verdieping, naast de logeerkamer. Piet heeft zijn bedje in de kinderkamer, naast de kamer van mijn ouders, aan de achterkant van het huis.

De bomen in de tuin zijn vlak voor hun ramen. Mijn kamer is aan de voorkant van het huis. Een deur in mijn kamer geeft toegang tot het balkon. Ik zie de tuin niet, maar ik zie het kanaal. Het kanaal loopt langs het huis, aan de andere kant van de straat. Aan de overkant van het kanaal is ook een weg. De schepen varen voorbij, en er is altijd wat te zien. Er is veel verkeer over de brug vlakbij, en vanuit mijn raam en van het balkon zie ik de mensen, de autos en de karren, die naar de stad komen en naar buiten gaan. Dat is heel prettig : ik zie het verkeer aan beide zijden van het water, zowel als op het water. Mijn kamer is modern ingericht, niet zo maar een slaapkamer, maar meer een zitkamer.

Exercise 1. Answer in Dutch :

1. Waar is de logeerkamer ?
2. Is de kamer van mijn ouders aan de voorkant ?
3. Zijn er bomen voor mijn raam ?
4. Is het kanaal aan de achterkant van het huis ?
5. Wat zie ik op de brug ?
6. Wat zie ik op het kanaal ?
7. Hoe is mijn kamer ?
8. Wat is er aan de overkant van het kanaal ?
9. Wat is er in de tuin ?
10. Wat ziet Piet vanuit zijn raam ?

Exercise 2. Translate into Dutch :

1. Do I see ?
2. He gives much.
3. There is not much.
4. Do you hear mother ?
5. You are walking.
6. She has a glass.
7. Does he wait ?
8. There is not very much jam.
9. They are not yet ready.
10. We have two spoons and he has a knife.

Exercise 3. Translate into Dutch :

Peter's room is on the first floor. Peter does not see the street from his room. He sees the garden and the trees from his window. I see the traffic along the canal. There are two carts and three cars on the bridge. They are all going to town. A number of people go to the country. They are at the side of the road, under the trees. My room is very pleasant. From the balcony, I see many things.

John, are you in the bathroom ?
No, I am in my room.
Breakfast is ready.
I am coming.
Father is already downstairs. Is Peter still in his room ?
No, he is in the garden.

N.B.—Does not see the street=sees the street not.

Vocabulary :

de ouders	the parents
de mensen	the people
het huis	the house
de verdieping	the storey
het raam	the window
de deur	the door
het balkon	the balcony
de logeerkamer	the spare room
de kinderkamer	the nursery
de slaapkamer	the bedroom
de zitkamer	the sitting-room
het bed	the bed
de tuin	the garden
de boom	the tree
het water	the water
het kanaal	the canal
de weg	the road, the way
de straat	the street
het verkeer	the traffic
de voorkant	the front
de achterkant	the back
de zijde	the side

de overkant	the other side (across)
de toegang	admission, admittance
het schip	the ship
de schepen	the ships
de auto	the car
de kar	the cart
ander	other
die	which
maar	but
zomaar	just
ook	also
altijd	always
wat	some(thing)
heel	very
veel	much, many
beide	both
zowel	as well as
meer	more

geven	to give
zien	to see

lopen	to walk, to run	vanuit	from out of
	———	naar stad	to town
vlak voor	straight in front of	naar buiten	to the country
			———
vlak bij	near by, close to	mijn	my
tot	to	zijn	his
langs	along	hun	their
voorbij	past		

Derde Les Lesson Three

Dictation. (Text given for purposes of checking only) :

Er was eens een koning, die een soldaat had, die jaren lang trouw voor hem had gevochten. Toen de oorlog voorbij was en de soldaat door zijn vele wonden niet meer dienen kon, zei de koning hem dat hij naar huis kon gaan. 'Ik kan je niet meer gebruiken ; geld krijg je niet, want ik geef alleen maar loon aan hen die me diensten bewijzen.' Toen wist de soldaat niet waarvan hij leven zou en ging bekommerd weg, en hij liep de hele dag tot hij 's avonds in een bos kwam. Toen het stikdonkere nacht was geworden, zag hij een licht ; hij ging daarop af, en kwam bij een huisje waar een heks woonde.

Conversation practice :

If possible, in addition to the illustration of the book, a coloured poster should be obtained from a shipping company, showing a ship and quayside activity. In the course of this visual exercise the following vocabulary should be studied, preparing the way for the reading matter :

de kleur	the colour	links	on the left
gekleurd	coloured	rechts	on the right
rood	red	op de voorgrond	in the front (in the foreground)
blauw	blue		
groen	green	op de achtergrond	at the back (in the background)
geel	yellow		
lichtblauw	light blue		
donkerblauw	dark blue	bovenaan	at the top
		benedenaan	at the bottom

Spelling rules :

1. Words in Dutch are divided into syllables according to pronunciation, whereas in English syllable division is according

to meaning or origin. Therefore, Dutch syllables usually start with a consonant.

e.g. zinkend = zin + kend
petten = pet + ten
raken = ra + ken

2. A syllable never ends in a double consonant.

3a. In closed syllables (i.e. syllables ending in a consonant) a single vowel indicates a short vowel sound ; a double vowel a long vowel sound :

man	maan
kap	kaap
stek	steek
bom	boom

3b. In open syllables (i.e. syllables ending in a vowel sound) the single vowel is considered long. (There are a few exceptions for one-syllable words ending in -e.)

e.g. ja
zo
but me : one e : the so-called mute -e.
mee : two e's : long -e.

4. The general rule for the formation of the plural is : addition of -en with retention of original pronunciation, which is done as follows :

Closed syllable words with long double vowel become single vowel open syllable words.

e.g. maan	manen (ma-nen)
boom	bomen (bo-men)

Closed syllable words with single short vowel double the consonant.

e.g. kap	kappen (kap-pen)
bom	bommen (bom-men)

Spelling and pronunciation exercise :

1. kat
2. los
3. roos
4. rek
5. tallen
6. roken
7. beten
8. rossen
9. zaten
10. rokken
11. prat
12. pallen
13. loos
14. laat
15. rozen
16. letten
17. heel
18. room
19. vele
20. lekken

Reading Matter :

De mailboot ligt in de haven. De zon schijnt en het is mooi weer. De schoorstenen van de boot zijn geel, met gekleurde banden. Vanuit de stoompijp, achter de voorste schoorsteen, stijgt een wolkje stoom de lucht in. De hemel is lichtblauw en het water is blauwgroen. Enkele meeuwen vliegen om het schip. Op het achterschip gooit de kok wat eten overboord ; de meeuwen vliegen er dadelijk naartoe.

De mailboot ligt langs de kaai, en wacht op de trein. De passagiers komen al uit het station, gevolgd door de kruiers met de bagage. Er is ook wat lading op de trein ; die gaat direct in het ruim van het schip.

Naast het schip staat een karretje met fruit. De reizigers kijken naar het fruit en kopen wat vruchten voor de overtocht : appels, peren, druiven, bananen, sinaasappels, enz. (=en zo voort.)

In de haven varen enkele bootjes. Er liggen ook schepen te laden en te lossen. Het is heel aardig dit alles te zien, als je aan boord zit.

Exercise 1. Give regular plural forms of the following words :

1. vel
2. noot
3. staart
4. steek
5. staat
6. schok
7. stem
8. teel
9. plas
10. pit
11. kraan
12. rat
13. strook
14. pet
15. poot

Exercise 2. Answer in Dutch :

1. Hoe is het weer ?
2. Wat is de kleur van de lucht ?
3. Wat doen de reizigers ?
4. Wat doet de kok, en waar is hij ?
5. Wat is er op de trein ?
6. Hoe is de mailboot ?
7. Wat is er in de haven ?
8. Hoe is het weer, en wat is de kleur van de lucht ?
9. Welke vruchten heeft de vruchtenkoopman ?
10. Wat doen de andere schepen in de haven ?

Exercise 3. Translate into Dutch :

1. The fruit-merchant is sitting on the quay.
2. He is looking at the ship in the harbour and he waits for the passengers from the train.
3. A few passengers buy some fruit.
4. There are no (=geen) clouds in the sky and the sun shines.
5. The cargo goes into the hold through a door.
6. The seagulls fly over the ships and the small boats alongside the quay.
7. A man throws some bread into the water, and the seagulls find it immediately.
8. On the other side of the station there are always motor-cars ; there is much traffic.
9. The mailboat is arranged in a modern way ; it is pleasant to be on the ship.
10. You buy some grapes, two pears and some apples.

Vocabulary :

de haven	the harbour	de schoorsteen	the funnel, the chimney
de kaai	the quay		
de boot	the boat	de stoompijp	the steam-pipe
de mailboot	the mailboat	het voorschip	the fo'c'sle
de overtocht	the crossing	het achterschip	the stern

het station	the station	doen	to do
de trein	the train	liggen	to lie
de passagier	the passenger	schijnen	to shine
de reiziger	the traveller	stijgen	to rise
de kruier	the porter	vliegen	to fly
de bagage	the luggage	gooien	to throw
de lading	the cargo	komen	to come
het ruim	the hold	staan	to stand
aan boord	on board	zitten	to sit
het weer	the weather	kopen	to buy
de hemel	the sky	varen	to sail, to go (of a ship)
de lucht	the air, the sky		
de zon	the sun	laden	to load
de wolk	the cloud	lossen	to unload
de stoom	the steam	wachten op	to wait for
de meeuw	the (sea)gull	kijken naar	to look at
de kok	the cook		———
het eten	the food	mooi	fine
het karretje	the barrow	aardig	nice
de koopman	the merchant	enkele	a few
de vruchten-koopman	the fruit-merchant	overboord	overboard
		dadelijk	immediately
het fruit	fruit		———
de vrucht	the fruit	naartoe	towards
de appel	the apple	direct	direct(ly)
de peer	the pear	alles	everything
de druif	the grape	dit alles	all this
de banaan	the banana	de voorste	the front one
de sinaasappel	the orange	de achterste	the back one

N.B.—het fruit=fruit (general term). No plural.
de vrucht=the fruit. Has a plural.
drie appels en twee peren zijn vijf vruchten.

VIERDE LES   LESSON FOUR

Spelling and pronunciation exercise :

1. rol	8. kom	15. buurt
2. el	9. vloot	16. raken
3. palen	10. vellen	17. rijs (= reis)
4. kinnen	11. roes	18. knellen
5. ratten	12. rapen	19. rezen
6. leken	13. rees	20. muren
7. kiezen	14. vlot	

Verbs :

gaan = to go	doen = to do	zien = to see
ik ga	ik doe	ik zie
jij gaat	jij doet	jij ziet
hij gaat	hij doet	hij ziet
wij gaan	wij doen	wij zien
jullie gaan	jullie doen	jullie zien
zij gaan	zij doen	zij zien
U gaat	U doet	U ziet

Grammar :

Rules for the plural of nouns (given largely for future reference).

1. General rule : add -en.

2. The general principle is that the plural keeps the pronunciation of the singular root unchanged. (Apply the spelling rules concerning open and closed syllables given in Lesson Three.)

de bal—de ballen (English : ball)
de baal—de balen (English : bale)

3. There are a number of exceptions to rule 2, such as :

het bad—de baden (English : bath)
het glas—de glazen (English : glass)
de dag—de dagen (English : day)
het dak—de daken (English : roof)
het schot—de schoten (English : shot)

4. Nouns ending in -el, -en, -er and those ending in a vowel take -s. (Diminutives in -e mute therefore add -s.)

5. Adding -en, but with change of the root vowel are :

de stad—de steden (English : town)
de smid—de smeden (English : smith)
het schip—de schepen (English : ship)
het lid—de leden (English : member)

6. A number of nouns change their final -f or -s to -v- or -z-, respectively, in the plural :

de golf—de golven (English : wave)
de reis—de reizen (English : journey)
het huis—de huizen (English : house)

7. Nouns in -heid change this ending to -heden.

8. A number of neuter nouns add -eren to the singular.

het kind—de kinderen (English : child)
het ei—de eieren (English : egg)

9. -man often becomes -lui (or -lieden).

de koopman—de kooplui (English : merchant) *or* kooplieden
de timmerman—de timmerlui (English : carpenter) *or* timmerlieden

Exercise 1. Put the correct definite article (de or het) before the following nouns :

1.	huis	6.	eten	11.	balkon	16.	midden
2.	trein	7.	boom	12.	tafellaken	17.	water
3.	boot	8.	deur	13.	lucht	18.	vrucht
4.	lepel	9.	tafel	14.	station	19.	glas
5.	schip	10.	raam	15.	fruit	20.	weer

Exercise 2. Translate into Dutch :

1. He goes on board.
2. She is going on board.
3. She is not going on board.
4. Does he see the boat ?
5. Are you people looking ?
6. The gulls do not fly over the station.
7. Does the traveller buy the bananas ?
8. What does Peter see ?
9. Where is the station ?
10. The station is in the first street on the left.

Exercise 3. Translate the following sentences into Dutch, giving alternative constructions :

e.g. I see a book on the table.

(*a*) Ik zie een boek op de tafel.
(*b*) Op de tafel zie ik een boek.

1. A traveller is sitting on the quay.
2. Seagulls fly over the ship.
3. To the left of the plate lies a fork.
4. I see the traffic on both sides of the water.
5. From the balcony, I see many things.
6. My father comes at five o'clock.
7. A few boats are moving (varen) in the harbour.
8. At 5 o'clock father is coming here with the luggage.
9. The porter has the luggage on the barrow.
10. Passengers and porters already come out of the station.

Exercise 4. Give the plurals of the following nouns, using the rules given in this lesson, indicating which particular rule has been applied :

1.	het bord	8.	de tuin	15.	de schoorsteen
2.	de kamer	9.	de stoel	16.	het raam
3.	het bordje	10.	de boom	17.	de druif
4.	de trap	11.	de banaan	18.	de weg
5.	de koek	12.	de kar	19.	het huis
6.	het mes	13.	het schip	20.	het kameel
7.	de kaas	14.	de straat		

Exercise 5. Translate into Dutch :

My father has a boat. It lies in the canal in front of our house and is arranged in a modern way. I have a cabin on board, with a table, a chair and a small bunk. There are four windows in the cabin, and from the windows I see the other ships on the canal. They go under the bridge, and I also see the cars that (=die) wait in front of the bridge. It is very pleasant on board.

Vocabulary to Exercise 5 :

the cabin	de kajuit	under	onder
with	met	the bunk	de kooi

Vijfde Les. Lesson Five

Spelling and pronunciation exercise :

1. dop
2. varen
3. pennen
4. reep
5. waren
6. tomen
7. rijp (=reip)
8. fuik
9. doop
10. wijd (= weid, wijt, weit)
11. vet
12. blaffen
13. wet
14. luit
15. laven
16. reizen (= rijzen)
17. leut
18. beeld (=beelt)
19. rezen
20. keur

Passage for dictation only :

'Geef me toch een nachtverblijf en wat eten en drinken,' sprak hij tot de heks, 'want ik verga van honger en dorst.! 'Zo,' zei de heks, 'wie geeft wat aan een afgedankte soldaat ' Ik zal toch maar barmhartig zijn, en je hier opnemen, maar dan moet je ook doen wat ik je zeg.' De soldaat vroeg wat hij dan doen moest. 'Je moet morgen mijn tuin omspitten.' Dat vond de soldaat goed en hij werkte de volgende dag heel hard, maar voor de avond kon hij toch niet klaar komen. 'Ik zie wel,' zei de heks, 'dat je vandaag niet meer weg kunt ; ik zal je nog een nacht houden ; daarvoor moet je morgen nog een voer hout hakken en kloven.'

Grammar :

The Possessive adjectives. These, unlike possessive pronouns, always accompany a noun. A number of them have weak forms used when in unaccented positions.

			Stressed forms :	Weak forms :	
Sg.	1st pers.		mijn	m'n	(my)
	2nd ,,		jouw	je	(your)
	3rd ,,	(m)	zijn	z'n	(his)
		(f)	haar	'r	(her)
		(n)	zijn	z'n	(its)
Pl.	1st pers.	ons, onze		No weak forms.	(our)
	2nd ,,	jullie			(your)
	3rd ,,	hun			(their)
	Politeness form, Uw				(your)

In modern Dutch the possessive adjectives remain uninflected, except the one for the 1st pers. plur., which follows the usual rules for the adjectives.

Adjective declension :

Adjectives in Dutch can occur with or without a final -e. General rule : The adjective has the final -e, except :

(1) when used predicatively.

(2) when used before a singular neuter noun (no article).

(3) when placed between the indefinite article (or indefinite pronoun) and a singular neuter.

(4) when used in a non-literal sense.

The possessive adjectives (with the exception of the 1st pers. plur., as given above), the material adjectives in -en, and adjectives in -er, remain undeclined.

These rules can be followed in the next section : see numbers I-VI.

MF is used to indicate the nouns formerly belonging to the masculine and feminine genders, now no longer distinguishable, but all having the definite article *de* in the singular (Common Gender).

N to indicate neuter nouns, those that take the definite article *het* in the singular.

I. *Adjective alone* (used predicatively) :

MF Sg : de wijn is *goed*.
N Sg : het bier is *goed*.
Pl : de sigaren zijn *goed*.

II. *Adjective + Noun :*

MF Sg : goede wijn.
N Sg : *goed* bier.
Pl : goede wijnen, bieren, sigaren.

III. *Definite article + Adjective + Noun :*

MF Sg : de goede wijn.
N Sg : het goede bier.
Pl : de goede sigaren. N.B.—twee goede sigaren.

IV*a*. *Indefinite article + Adjective + Noun :*

MF Sg : een goede vulpen.
N Sg : een *goed* potlood.
Pl : as Plural of II, as the indefinite article has no plural in Dutch.

IV*b*. The MF Sg can remain uninflected (between indefinite article and noun) when the adjective is used in a sense different from the obvious, the literal.

een *groot* man = a great man (een grote man = a large, tall man)

een *oud*-soldaat = an ex-soldier (een oude soldaat = an old soldier) een *goed* soldaat = an excellent soldier (een goede soldaat = a friendly soldier)

een *goed* man = a noble man (een goede man = a kind man).

The uninflected forms mean: great as a man, old as a soldier, etc.

V. *Indefinite pronoun (or indefinite adjective) + Adjective + Noun:*

MF Sg: geen goede wijn.
N Sg: geen *goed* bier.
Pl: geen goede wijnen, bieren.

VI. *Possessive adjective + Adjective + Noun:*

MF Sg: mijn oude vriend, onze oude vriend.
N Sg: Zijn *groot* schip, ons *groot* schip.
Pl: haar nieuwe hoeden, onze nieuwe schepen.

Reading Matter:

De oude stad is omringd door hoge wallen. De lange straten en diepe grachten zijn nauw en kronkelen tussen de mooie oude gebouwen. In het midden van de stad is de enige open ruimte, het wijde marktplein ; daar ziet men het deftige stadhuis. Bijna alle huizen om die markt zijn cafétjes, restaurants en lunchrooms voor de stadsmensen en vooral voor de vele bezoekers. De huizen in dat deel van de stad zijn nauw en hoog, want de grond is daar nogal duur. Verder van het centrum zijn er wel ruime, deftige huizen, met brede ramen. De pakhuizen met hun dikke muren en eikenhouten balken en planken staan daar al eeuwen en zijn nog even stevig als vroeger.

Exercise 1. Translate into Dutch :

1. the blue funnel
2. a thick wall
3. in the fine, new station
4. deep water
5. a round fruit
6. two wide streets
7. a large house
8. a busy market
9. an open space
10. not a fine house
11. no good apples
12. high houses
13. an ex-soldier
14. two ex-soldiers
15. a wooden beam
16. with a new ship
17. busy markets
18. the houses are stately
19. the street is busy
20. two thick planks

Exercise 2. Translate and give the plurals of :

1. the harbour
2. the porter
3. the barrow
4. the little boat
5. a tree
6. the ship
7. a loaf
8. the cargo
9. a fork
10. the (bread) dish
11. a colour
12. the door
13. the small bed
14. the bridge
15. the table
16. the train
17. the house
18. the chair
19. the canal
20. the glass

Exercise 3. Translate into Dutch :

1. I look at the breadboard on the long table.
2. There is a glass of milk on the table.

3. On the table there are two glasses of water.
4. Are you looking at the green chair ?
5. Do you see a white tablecloth ? (familiar 2nd per. sg.).
6. I see no white tablecloths.
7. There are two windows in the room.
8. In the room there are two windows.
9. Are you going to the station ? (formal)
10. Do you see the large forks ? (familiar)

Exercise 4. Translate into Dutch :

The tall warehouse stands near the deep canal. In front of the warehouse lie two small ships and one large ship. A number of men carry planks from the large ship to the small ships. They also carry planks to the warehouse. At the side of the warehouse, we see a stately house of three storeys. The old merchant from the tall warehouse lives there. From his windows he sees the fine ships and all the busy traffic on the water. The old merchant works hard ; he is a good man.

Vocabulary :

de stad	the town
de wal	the town-wall (rampart)
de gracht	the town canal
het gebouw	the building
de markt	the market
het plein	the square
het marktplein	the market square
het stadhuis	the town hall
het café, het cafétje	the café
het restaurant	the restaurant
de lunchroom	the lunchroom
het centrum	the centre (of a town)
het pakhuis	the warehouse
de grond	the ground
———	
de ruimte	the space

de plank	the plank
de balk	the beam
het deel	the part
	———
de eik	the oak
het hout	the wood
het eikenhout	the oak(wood)
	———
de bezoeker	the visitor
	———
oud	old
omringd	surrounded
hoog	high, tall
lang	long
diep	deep
nauw	narrow
open	open
wijd	wide
deftig	stately
duur	expensive
ver, verder	far, farther

ruim	roomy, spacious
breed	broad
eikenhouten	(made of) oak
dik	thick
stevig	firm
vroeg, vroeger	early, earlier, former(ly)
druk	busy
——	
kronkelen	to wind
dragen	to carry
wonen	to live, dwell
——	
bij	near
tussen	between
vooral	above all
want	for
nogal	fairly, rather
wel	certainly
enig	some
men	people, one
even	equally

Adverbs are words which qualify verbs. They can also qualify adjectives and other adverbs.

In the following examples, adverbs are in italics, adjectives are not.

een langzaam schip=a slow ship

het langzame schip=the slow ship

het *heel* langzame schip=the *very* slow ship

het schip vaart *langzaam*=the ship goes *slowly*

het schip vaart *heel langzaam*=the ship goes *very slowly*

As a general rule, Dutch adjectives and adverbs have the same form. Adverbs are uninflected.

Zesde Les — Lesson Six

Een zonderling avontuur van de Baron van Munchhausen in Polen

Het is winter. De beroemde Baron van Münchhausen is op reis. Hij reist te paard van Rome naar Rusland. Nu is hij in Polen. 's Morgens vertrekt hij uit een kleine stad. Hij rijdt de hele dag, zonder een enkel huis of dorp te zien. Het is heel koud, en 's middags begint het te sneeuwen. Er valt vreselijk veel sneeuw. Na lange uren wordt het avond. Het landschap ligt onder een dikke laag sneeuw verborgen. Er is niets te zien : geen struik, geen boom, geen huis, niets. De baron ziet zelfs geen weg. Alles is wit, maar toch wordt het donker. De baron zoekt een licht, want hij wordt moe. Waar een licht is, is misschien een bed en ook wat voedsel. Maar hij heeft geen geluk en hij is de weg kwijt. Op den duur wordt zijn paard zo moe dat het bijna valt. Opeens struikelt het over een klein ijzeren paaltje dat een klein eindje boven de sneeuw uitsteekt. De baron denkt dat het zeker een wegwijzer is. Hij besluit te blijven waar hij is, en de volgende morgen met frisse moed verder te gaan. Hij bindt zijn paard aan het paaltje, legt zijn pistolen onder zijn hoofd, rolt zich in zijn reisdeken en valt in slaap.

De volgende morgen wordt de baron wakker. Het is mooi weer, de zon schijnt en de baron ligt op het groene gras van een klein kerkhof. Zijn mantel ligt nog steeds onder hem, en zijn pistolen liggen ook op de grond onder zijn hoofd. ' Droom ik ? ' zegt hij. ' Nee, ik ben echt wakker. Maar waar ben ik, en waar is mijn trouw paard ? ' Op dat ogenblik hoort de baron het antwoord in de vorm van het gehinnik van zijn paard, hoog boven zijn hoofd. ' Wat is dat ? Hoe is dat mogelijk ? ' Hij kijkt naar boven, en ziet het paard, boven aan de toren, met de teugel aan het haantje van de toren. De baron neemt een van zijn pistolen. Hij mikt en schiet : de teugel breekt, het paard glijdt naar beneden, en valt zachtjes op het gras. De baron springt op zijn paard en rijdt weg.

Wat is er gebeurd ? De baron vertelt het volgende : Eerst valt er zoveel sneeuw, dat het hele landschap diep onder de sneeuw ligt. Het ijzeren paaltje dat boven de sneeuw uitsteekt, is het haantje van de toren, en niet een wegwijzer. Plotseling wordt het 's nachts warmer, en het dooit. Al de sneeuw smelt, en het paard blijft hoog en droog op het dak. De rest weet U. Maar . . . gelooft U het ? Als het waar is, is het zeker een heel zonderling avontuur.

Rules for the formation of the Present Tense :

General Rule :

The 1st, 2nd and 3rd persons singular are written so as to reproduce the pronunciation of the root in the Infinitive—the 2nd and 3rd persons adding a -t.

e.g. kijken—ik kijk—hij kijkt
lopen—ik loop—hij loopt
nemen—ik neem—hij neemt

N.B. 1.—As no syllable in Dutch ends in either *z*, *zt*, *v*, or *vt*, these endings are replaced by *s*, *st*, *f*, or *ft*, respectively.

e.g. lezen—ik lees—hij leest
leven—ik leef—hij leeft

N.B. 2.—Note once more that no syllable in Dutch ends in a double consonant.

e.g. tellen—ik tel—hij telt

N.B. 3.—If the root ends in a -t, no second t is added for the 2nd and 3rd persons (cf. N.B. 2), but the spelling -dt can occur where necessary.

e.g. zitten—ik zit—hij zit
worden—ik word—hij wordt

In the following two exercises you are asked to make a careful study of the rules governing adjective declension, as given in Lesson Five.

Exercise 1. Indicate the rule and section (as given in Lesson Five) in accordance with which the following adjectives of the first paragraph of the above story are with or without the -e :

Example : de *beroemde* baron : section III, MF Sg ; General rule : -e.

een *kleine* stad ; de *hele* dag ; een *enkel* huis ; na *lange* uren ; een *dikke* laag ; alles is *wit* ; een *klein*, *ijzeren* paaltje ; een *klein* eindje ; de *volgende* morgen ; met *frisse* moed.

Exercise 2. Indicate the rules, as in Exercise 1, for the following adjectives from the second and third paragraphs of the story :

het is *mooi* weer ; het *groene* gras ; een *klein* kerkhof ;

mijn *trouw* paard ; het *hele* landschap ; een heel *zonderling* avontuur.

N.B.—What sort of word is ' heel ' in ' een heel zonderling avontuur ' ?

The vocabulary to this lesson is very important. It contains a number of words and expressions that do not occur in the text, but are in some way connected with it.

Translate into Dutch :

1. The winter is cold.
2. The cold winter.
3. It is cold in winter.
4. In winter it is terribly cold.
5. It is very cold.
6. He goes on a journey.
7. He is on a journey.
8. He travels.
9. We travel.
10. We travel in winter.
11. You people travel.
12. We leave (from) Holland.
13. It rains.
14. It begins to rain.
15. The white snow melts.
16. It thaws.
17. There is no snow.
18. There is nothing.
19. A thick layer of snow.
20. The layer is thick.
21. The thick layer.
22. The snow is thick.
23. Everything is white.
24. There is nothing to be seen.
25. I see nothing.
26. After long hours it begins to snow.

27. There are bushes round the house.
28. There is a light in the house.
29, 30. There are no lights in the houses (2 translations).
31. I am getting tired (=I become tired).
32. He is also very tired.
33. He is so tired that he falls.
34. I have lost my way.
35. Have you lost your way ?
36. The iron post.
37. The wooden post.
38. I see a small portion of the post.
39. I think (that) it is a signpost.
40. It is getting dark.
41. I see the road.
42. I do not see the road.
43. I do not even see the road.
44. I think (that) it is lost.
45. My pistol.
46. His pistol.
47. I lay my pistol on the ground.
48. He lays his pistols on the ground.
49. He puts his blankets under him(self).
50. We fall asleep.
51, 52. It is cold at night (2 translations).
53. He travels during the day and he sleeps during the night.
54, 55. In the evening the horse seeks food (2 translations).
56. There is no food on the snow.
57. The snow lies on the grass.
58. There is no green grass.
59. It is dark where the baron is.
60. He sees nothing.
61. He wakes up.
62. Does he wake up ?
63. Does the baron wake up ?
64. I suddenly wake up.

65. Suddenly I wake up.
66. The sun shines on the snow.
67. It is getting warmer.
68. It is thawing.
69. When it thaws, the snow melts.
70. Am I really awake ?
71. Where is the signpost ?
72. Where is my horse ?
73. Where is his horse ?
74. His horses and our horses.
75. Our horses are standing along the road.
76. The grass is green.
77. The green grass of the churchyard.
78. The church stands at the side of the old churchyard.
79. The tower is high.
80. The high tower.
81. It is high above my head.
82. It is above our heads.
83. It is not possible.
84. Perhaps it is still possible.
85. The horse neighs.
86. He hears the neighing of the horse.
87. At that moment I see the horse.
88. We fall on the grass.
89. Does he fall ?
90. He looks up.
91. It is not a signpost, but it is the weathercock.
92. He takes one of our pistols.
93. The pistols are still dry.
94. He shoots.
95. Does the bridle break ?
96. He falls gently.
97. I decide to leave.
98. We jump on our horses and ride away.
99. I believe (that) it is warm.
100. We go on with fresh courage.

Vocabulary :

het avontuur	the adventure	de herfst	autumn
de reis	the journey	de winter	winter
het land	the land, country	de dag	the day
het landschap	the landscape	de morgen	the morning
de weg	the road	de middag	the afternoon
het dorp	the village	de avond	the evening
de kerk	the church	de nacht	the night
het kerkhof	the churchyard		
de toren	the tower	de baron	the baron
het haantje		het geluk	(good) luck
(van de toren)	the weathercock	het ijzer	iron
de paal	the post	de moed	the courage
de wegwijzer	the signpost	het pistool	the pistol
		het hoofd	the head
het gras	the grass	de slaap	the sleep
de struik	the bush	de deken	the blanket
het paard	the horse	de mantel	the cloak
de teugel	the bridle	het ogenblik	the moment
het gehinnik	the neighing	het eind	the end
		een eindje	a little way
de sneeuw	the snow		
de regen	the rain	Holland, Nederland	Holland, The Netherlands
de wind	the wind		
het licht	the light	Engeland	England
		Polen	Poland
de lente	spring	Rusland	Russia
de zomer	summer		

reizen	to travel	dromen	to dream
vertrekken	to leave	zeggen	to say
rijden	to ride	hinniken	to neigh
beginnen	to begin	nemen	to take
sneeuwen	to snow	mikken	to aim
vallen	to fall	schieten	to shoot
regenen	to rain	breken	to break
waaien	to blow (of wind)	glijden	to glide, slide
worden	to become, get	springen	to jump
zoeken	to seek	vertellen	to tell
struikelen	to stumble	volgen	to follow
denken	to think	dooien	to thaw
besluiten	to decide	smelten	to melt
blijven	to remain	weten	to know
uitsteken	to stick out	geloven	to believe
binden	to bind		
leggen	to lay	's zomers	in summer
rollen	to roll	's winters	in winter
slapen	to sleep	in de herfst	in autumn

in de lente	in spring
overdag	during the day (time)
's morgens	in the morning
's middags	in the afternoon
's avonds	in the evening
's nachts	at night
op reis	on a journey
te paard	on horseback
op den duur	in the long run
in slaap vallen	to fall asleep

---

zonderling	curious
beroemd	famous
heel	whole, entire, all
heel	very
koud	cold
vreselijk	terrible, terribly
verborgen	hidden
niets	nothing
zelfs	even
toch	yet
moe (moede)	tired
misschien	perhaps
kwijt	lost
zo	so
opeens	at once
ijzeren	(made of) iron
zeker	certain, certainly
volgend	following
fris	fresh
(zich)	(himself)
wakker	awake
nog steeds	still
echt	real
trouw	faithful
mogelijk	possible
zacht	soft(ly)
zachtjes	softly
plotseling	suddenly
warm	warm, hot
droog	dry
waar	true
zonder	without

---

het volgende	the following

Wat is er gebeurd ?	What has happened ?

ZEVENDE LES — LESSON SEVEN

Dictation (for purposes of checking only) :

Het kind staart naar het blanke dak, de tintelende sterrenhemel, de zilveren maansikkel, naar de brede geheimzinnige schaduw, zwart-donker, achter de schoorsteen. 't Is doodstil daar buiten ; ook binnen weinige geluiden. In de ruime langwerpige huiskamer met hoge zoldering, bromt de grote kolomkachel als een goedmoedige reus. Uit de starvormige opening in het deurtje, de roos, nu losgedraaid om 't fel branden te temperen, valt een reusachtige ster van uitschietend en inkrimpend flikkerlicht op de muur en de mahoniehouten secretaire met koperbeslag. Nagenoeg de hele familie is aanwezig. Moeder zit aan de grote vierkante tafel, een eindje van de ramen af geschoven naar de kachel toe, en het theegoed is te zien in de schemerschijn.

Grammar :

A. *The dependent clause.*—Within the main sentence can be found other sentences that perform the function normally performed by a single word or word-group such as adjective, adverb, noun (object or subject). Such sentences are called dependent clauses. In such clauses the finite verb goes to the end. (The finite verb is any form of the verb other than infinitive or participle.)

Mijn oom, die op de hoek van de straat woont, komt om vijf uur naar huis.
S (– – – – – – – – – – – –vl) V RRR.
(My uncle, who lives at the corner of the street, comes home at 5 o'clock.)

The dependent clause fulfils the function of adjective to ' oom '. Note that the rule of front-position and inversion also applies to a sentence of this type :

Om vijf uur komt mijn oom, die op de hoek van de straat woont, naar huis.
R V S (– – – – – – – – – – –vl) RR.
(At 5 o'clock, my uncle who lives at the corner of the street, comes home.)

B. *Relative pronouns.*—In Dutch the dependent clause is always introduced by a relative pronoun. It is never left out as is sometimes done in English :

The man (that) I see is my uncle.
De man *die* ik zie is mijn oom.

These are the forms :

MF Sg : die ...... De man die spreekt, is mijn oom. =
N Sg : dat ...... Het huis dat daar staat, is van mijn oom. =
Pl : die ...... De huizen die daar staan, zijn van mijn oom. =

English : =The man who speaks is my uncle.
=The house which stands there belongs to my uncle.
=The houses which stand there belong to my uncle.

N.B. 1.—The man *who* speaks is . . . (*who* : subject of dependent clause).

The man *whom* I see is . . . (*whom* : object of dependent clause).

Both *who* and *whom* are translated by *die*.

N.B. 2.—When we translate *whose, of whom, of which* into Dutch, we use *van wie* for persons, *waarvan* for things.

When we translate *to whom, to which,* we similarly use *aan wie* for persons and *waaraan* for things.

In general when a preposition accompanies the relative pronoun, we use *preposition + wie* (two words) for persons, and *waar + preposition* (one word) for things.

De man van wie ik spreek, is niet hier. The man of whom I talk is not here.

De man van wie het boek is, is nu weg. The man whose book it is has gone now.

Het huis waarvan wij spreken, is ver weg. The house we are talking of is a long way off.

De man aan wie ik het geef, gaat . . . The man to whom I give it is going to . . .

Het paaltje waaraan het hangt, is van ijzer. The little post from which it is suspended is made of iron.

from which =waarvan. for which =waarvoor.

with which =waarmee.

Exercise 1. Translate into Dutch :

1. I ride
2. We travel
3. I travel
4. Do you think ? (familiar)
5. She decides
6. I remain
7. You hear
8. It rains
9. It breaks
10. He says
11. He shoots
12. He becomes
13. He travels
14. We roll
15. I am taking
16. They stumble
17. He binds
18. Do I hear ?
19. Does it fall ?
20. He does the journey

Exercise 2. Translate into Dutch :

1. The mailboat which lies in the harbour has a yellow funnel.
2. The gulls fly round the cook who throws the food overboard.
3. The passenger follows the porter who has the luggage.
4. The barrow, on which the fruit lies, stands near the ship.

Exercise 3. Translate into Dutch :

1. There are four chairs round the table which stands in the middle of the room.
2. The tablecloth which lies on the table is pure white.
3. Peter, whose glass it is, takes the milk.
4. The glass from which he drinks stands by the side of his plate.
5. The milk Peter drinks is cold.

Exercise 4. Translate into Dutch :

1. My room, which is on the first floor, is next to the spare room.
2. The door that leads to the balcony has a large window.
3. Is this the canal that goes to the harbour ?
4. The road that runs along the canal is not very wide.
5. The trees that are at the back of the house are straight in front of his window.

Exercise 5. Translate into Dutch :

1. The boat which my father has lies near the bridge.
2. Here is the man whose car it is.
3. The man who goes on board is a merchant.
4. He takes the fruit that lies on the barrow.
5. The cart on which he puts the apples is very old.

Exercise 6. Translate into Dutch :

1. The streets that wind through the old town are long and narrow.
2. The ground on which the warehouse stands is very dear.
3. Does the old merchant live in the house that stands near by the warehouse ?
4. The people who are sitting in the restaurant are visitors.
5. The house I see has three storeys.

ACHTSTE LES — LESSON EIGHT

Spelling and pronunciation exercise :

1.	mazen	11.	sluier
2.	vijl (=veil)	12.	milt
3.	vreemd (=vreemt)	13.	geul
4.	juichen	14.	smelt
5.	kneuzen	15.	vierkant
6.	plaggen	16.	buil
7.	prijzen (=preizen)	17.	brallen
8.	kluis	18.	plegen
9.	klauw (=klouw)	19.	geur
10.	keileem (=kijleem)	20.	meelspijs (=meelspeis)

Grammar :

Personal pronouns used as direct and indirect objects.

The sketches will make clear the relations existing in space between subject and object(s).

A. *The direct object pronouns.*—Instead of saying : He sees the book, one can say : He sees it ; instead of saying : He sees Peter, one can say : He sees him.

'It' and 'him' stand for the direct objects, and are therefore direct object pronouns.

The direct object pronouns can be either stressed (accented) or weak (unaccented).

1. Stressed. accent on object.	2. Weak. accent on subject or verb.
Hij ziet mij	Hij ziet me
Hij ziet jou	Hij ziet je
Hij ziet hem	Hij ziet 'm
Hij ziet haar	Hij ziet ze
Hij ziet het (accent on verb)	Hij ziet 't

Hij ziet ons	Hij ziet ons
Hij ziet jullie	Hij ziet jullie
Hij ziet hen	Hij ziet ze
Hij ziet U	Hij ziet U

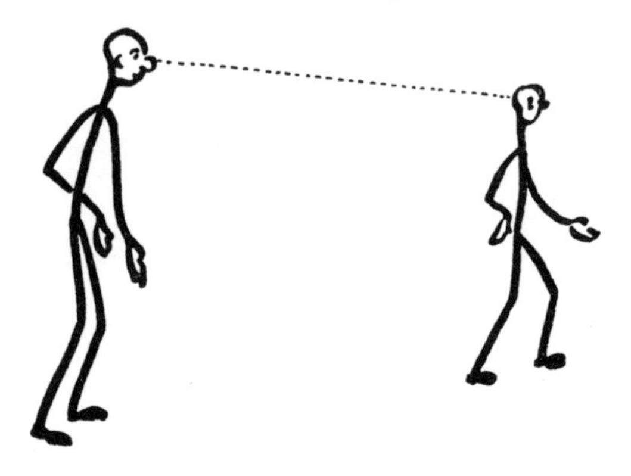

B. *The indirect object pronouns.*—We can use two different constructions, one with and one without a preposition before the indirect object; the order of the words is different in the two constructions:

Hij geeft Piet het boek	Hij geeft het boek aan Piet
(He gives Peter the book)	(He gives the book to Peter)

Using a pronoun for the indirect object, these sentences become:

Hij geeft *hem* het boek	Hij geeft het boek *aan hem*
(He gives him the book)	(He gives the book to him)

Using pronouns for both objects, both constructions use the same order :

Hij geeft het hem
(He gives it him)
Hij geeft het mij
Hij geeft het jou
Hij geeft het hem
Hij geeft het haar
*—
Hij geeft het ons
Hij geeft het jullie
Hij geeft het hun
(=ze)
Hij geeft het U

Hij geeft het aan hem
(He gives it to him)
etc.

* No indirect object pronoun for 3rd pers. sing. neuter.

Reading Matter :

AAN HET STRAND

Het is in de maand Augustus. De zee is kalm en de golven zijn niet heel groot. Het is hoog water. Het is warm op het strand. Vader ligt te slapen in een vouwstoel. Piet, die een schop en een emmertje heeft, zit op het warme zand en graaft een diepe kuil. Moeder, die ook een vouwstoel heeft, speelt wat met hem. Hij geniet op zijn manier. Ik vind putten graven veel te hard werk ; ik houd van zwemmen. Er zijn veel mensen aan het baden of aan het zwemmen. De kleurige badpakken maken het strand heel vrolijk, en de vlaggen op de hôtels maken het een beetje feestelijk. Heel in de verte horen we de muziek van een orkestje op de zeeboulevard. Er zitten daar heel wat mensen naar het orkestje te luisteren.

Exercise 1. Translate into Dutch :

1. He is breaking the spade.
2. Do you believe it ? (formal)
3. He bathes in the sea.
4. Does he remain in the water ?
5. He does the work.
6. She does not walk on the promenade.
7. Isn't she walking on the promenade ?
8. Are you remaining here ? (familiar)
9. I fetch a deck-chair.
10. Is he digging a pit ?

Exercise 2. Translate into Dutch :

1. You are dreaming ! (familiar)
2. He likes the beach.
3. He sits on the sand.
4. He glides from the roof.
5. They lay it on the wet sand.
6. Are you taking the pears ? (formal)
7. Are you doing it ?
8. They roll in the sand.
9. I stand beside the bright light.
10. Do you see a bright light ?

Exercise 3. Translate into Dutch :

1. There are twelve months in a year.
2. The first month of the year is January and the second is February.
3. He has two large pails.
4. Many people are walking on the beach.
5. There are very many gulls flying over the harbour.
6. A large white gull is sitting on a wooden post.
7. The sun shines on the warm yellow sand.
8. Are you working hard ? (familiar)—No, there is no work.

9. There are many green deck-chairs standing on the long promenade.
10. Have you your bathing-costume ? (familiar)

Exercise 4. Give the full Present Tense of the following verbs:

hebben staan doen zijn reizen

Exercise 5. Answer in Dutch :

1. Wat is de eerste maand van de zomer ?
2. Wie zit op de vouwstoel ?
3. Wat doen de mensen op het strand ?
4. Hoe is de zee 's zomers ?
5. Wat doet Piet ?
6. Waar is vader, en wat doet hij ?
7. Zijn er vlaggen, en zo ja, waar ?
8. Wat doet het orkest ?
9. Houd jij van zwemmen ?
10. Zwemt men met hoog water of met laag water ?

Exercise 6. Translate into Dutch :

1. He digs the pit. He digs it.
2. We see the people. We see them.
3. He gives the pail to Peter. He gives it to him.
4. We give the books to her. We give them to her.
5. Our deck-chairs are on the promenade. They are there.
6. How much do the apples cost ? How much do they cost ?
7. You don't tell me what it is, but you tell it him ! What is it ?
8. He returns the bucket to Peter. He returns it to him.
9. We shut the door. We shut it.
10. The pail and the spade are beside Peter. He has them beside him.

Exercise 7. Translate into Dutch :

In summer the beach is very pleasant. The sun makes the sand pleasantly warm ; the children dig holes, many people swim and bathe, or listen to the band. The waves are small and roll gently on the beach, but in winter the sea becomes rough. Large waves beat on the coast, and the sea is grey. The sand lies deep under the snow and few people go on the beach. Even when it does not snow, the wind is cold. There are also no bands on the Promenade, and it is very quiet along the coast. In the autumn there are great storms and it is dangerous for the ships. The water along the coast is not very deep. The Dutch coast is very dangerous, but there are fine harbours. I like the summer, for then I swim ; in winter I have too much work to do, and it is always dark.

Vocabulary :

de kust	the coast
het strand	the (sandy) beach
het zand	the sand
de put } de kuil }	the hole
de zee	the sea
de golf	the wave
de storm	the storm
het gevaar	the danger
de verte	the distance (far)

het hotel	the hotel
de boulevard	the promenade
het orkest	the orchestra
de muziek	the music
het feest	the feast
de vlag	the flag

het bad	the bath, bathe
het pak	the suit of clothes
het badpak	the bathing-costume

het boek	the book
de vouwstoel	the deck-chair
de emmer	the pail, bucket
de schop	the spade

de maand	the month
de manier	the way, manner
het werk	the work
een beetje	somewhat, a little

Januari	Juli
Februari	Augustus
Maart	September
April	October
Mei	November
Juni	December

daar	there

oranje	orange
violet	violet
paars	purple
rose	pink

zwart	black	gevaarlijk	dangerous
bruin	brown	laag	low
grijs	grey		
kalm	calm	graven	to dig
groot	large	spelen	to play
hard	hard	genieten	to enjoy
kleurig	colourful	houden van	to like
vrolijk	gay	zwemmen	to swim
feestelijk	festive	baden	to bathe, bath
ruw	rough	luisteren	to listen
stil	quiet	slaan	to beat
		werken	to work

NEGENDE LES — LESSON NINE

Spelling and pronunciation exercise :

N.B.—vr*o*lijk—pr*e*ttig—vr*o*lijkheid—gel*u*k.

1.	jolig	8.	olijk	15.	vreselijk
2.	wijzigen	9.	blijheid	16.	gereed
3.	dadelijk	10.	ijselijk	17.	ruzie
4.	geniepig	11.	ijzig	18.	heimwee
5.	gelijk	12.	verdeeldheid	19.	bereid
6.	verslag	13.	geluk	20.	pleidooi
7.	duidelijk	14.	wijziging		

(A phonetic transcription of this exercise is given in the Phonetic Appendix.)

Grammar :

A. *Present Tense of the irregular verb 'to come'.*

Infin : to come =komen.

ik kom
jij komt
hij komt
wij }
jullie } komen
zij }
U komt

B. *The separable verbs.*—Separable verbs consist of an ordinary root, preceded by a prefix that carries the accent ; thus : *aan*komen. This is the invariable form of the infinitive. In the ordinary sentence the prefix is separated from the finite part of the verb and goes to the end of the sentence ; only prepositional adjuncts may follow it—but need not do so. (N.B.—A prepositional adjunct is a group of words without a verb, introduced by a preposition.) In dependent clauses—

in which the finite verb automatically goes to the end—the prefix is not separated from its root ; it is not usual for the prepositional adjunct to follow the separable verb in the dependent clause.

Examples :

aankomen (accent on aan-)
Ik kom aan. Kom ik aan ? . . . , als ik aankom.
Ik kom thuis aan. Ik kom om acht uur thuis aan.
Hij steekt de lamp aan. Steekt hij de lamp aan ?
Steekt hij de lamp nog niet aan ?
Ik steek de lamp aan, als ik aankom.
Steekt hij de lamp aan, als hij thuis aankomt ?
Hij komt om zes uur aan. Hij komt aan om zes uur.

(English) :

=to arrive.
=I arrive. Do I arrive ? . . . , when I arrive.
=I arrive home. I arrive home at eight o'clock.
=He lights the lamp. Does he light the lamp ?
=Does not he light the lamp yet ?
=I light the lamp when I arrive.
=Does he light the lamp when he arrives home ?
=He arrives at six o'clock.

Dutch children used to learn a little jingle about the old-fashioned lamp-lighter :

Wie ben ik ? Ik kom aan, ik zet neer, ik klim op, ik doe open, ik licht op, ik steek aan, ik zet neer, ik doe dicht, ik klim af, ik neem op, ik ga weg.

The verbs are : aankomen =to arrive ; neerzetten =to put down ; opklimmen =to climb up ; opendoen =to open ; oplichten =to lift up ; aansteken =to light ; dichtdoen =to shut ; afklimmen =to climb off ; opnemen =to pick up ; weggaan =to go away.

De ladder = the ladder ; de lamp = the lamp ; het lampeglas =the funnel (of the lamp) ; de lantaren =the street lamp ; de lantarenopsteker =the lamplighter ; de lantarenpaal =the lamppost.

Reading Matter :

De trein komt om vijf uur aan. Ik heet Kees ; Jan, mijn beste vriend, komt dan met een sneltrein mee. Ik ga hem afhalen. Ik ga op tijd van huis weg. Ik ga met de tram, en koop een kaartje : dat kost een dubbeltje. Ik geef de conducteur een kwartje, en hij geeft me vijftien cent terug. Als ik op het station aankom, is het kwart voor vijf. Ik loop door het station, en koop een perronkaartje aan het loket, maar kijk eerst naar de nieuwe boeken en de vreemde kranten in de boekenstalletjes, want ik heb tijd genoeg. Ik moet heel lang wachten. De trein is niet op tijd ; hij heeft vertraging, en komt pas om kwart over vijf binnen, een kwartier te laat. Jan haalt zijn fiets, en ik help hem met zijn bagage. Omdat hij een fiets heeft en ik niet, lopen wij naar huis. Later gaan we samen fietsen : het wordt een mooie vacantie.

Learn the following *numbers :*

10 :	tien	21 :	een en twintig	40 :	veertig
11 :	elf	22 :	twee en twintig	50 :	vijftig
12 :	twaalf	23 :	drie en twintig	60 :	zestig
13 :	dertien	24 :	vier en twintig	70 :	zeventig
14 :	veertien	25 :		80 :	tachtig
15 :	vijftien	26 :		90 :	negentig
16 :	zestien	27 :		100 :	honderd
17 :	zeventien	28 :		250 :	twee honderd en vijftig
18 :	achttien	29 :	negen en twintig		
19 :	negentien	30 :	dertig		
20 :	twintig			1000 :	duizend

Carefully study the Dutch way of *telling the time :*

Acht uur ..	.. Eight o'clock
Vijf over acht	.. Five past eight

Kwart over acht ..	Quarter past eight
Half negen ..	*Half past eight*
Vijf voor half negen	Twenty-five past eight
Vijf over half negen	Twenty-five to nine
Kwart voor negen	Quarter to nine
Vijf voor negen ..	Five to nine
Negen uur	Nine o'clock

12.30 is half-way through the first hour of the day. Hence the Dutch say *half een*. *Half twee* therefore indicates that half the second hour has passed, or that it is one hour plus a half hour, i.e. half past one.

The Dutch coinage:

de gulden =100 cent (silver)
het kwartje =25 cent (silver)
het dubbeltje =10 cent (silver)
de stuiver=5 cent (nickel)
de cent= (bronze)

het halfje =½ cent (bronze)

N.B.—Two coins of 1 cent are 'twee centen'. The value of two of those coins together is 'twee cent'.

Exercise 1. Translate into Dutch:

1. Does the train arrive? Where does the train arrive?
2. Who opens the door? He opens the door.
3. He arrives at the station (2 translations).
4. We shut the doors of the house.
5. We open the door because they arrive.

Exercise 2. Answer in Dutch:

1. Wie is Jan?
2. Hoe heet de vriend van Kees?
3. Komt Jan met een tram?
4. Fietst Kees naar het station?

5. Hoeveel kost zijn kaartje op de tram ?
6. Wat doet Kees op het station ?
7. Waar koopt hij zijn perronkaartje ?
8. Om hoe laat komt de trein aan ?
9. Hoeveel vertraging is er ?
10. Hoe gaan de vrienden naar huis ?

Exercise 3. Give the Dutch for the following times, in words :

1.	2 o'clock	8.	11.30	15.	5.17
2.	4.15	9.	11.35	16.	5.23
3.	1.30	10.	4.30	17.	8.30
4.	12.15	11.	3.25	18.	1.25
5.	6.27	12.	4.5	19.	6.45
6.	10.45	13.	12.30	20.	9.30
7.	7.30	14.	12.28		

Exercise 4. Answer in Dutch :

1. Hoeveel kwartjes zijn er in een gulden ?
2. Hoeveel dubbeltjes zijn er in 2 kwartjes ?
3. Hoeveel kwartieren zijn er in een uur ?
4. Hoeveel minuten zijn er in een half uur, en hoeveel in een kwartier ?
5. Hoeveel minuten zijn er tussen half zeven en tien over zeven ?

Exercise 5. Translate into Dutch :

I am on a journey to my friend Kees. I travel by train. My train is an express-train, but yet there is some delay. The train arrives at a quarter past five. When I arrive, there are many people on the platform. There is a famous man on the train, and a number of people wait for him. Where is Kees ? I see him, but he does not see me. I call ' Kees ! ' He finds me and helps me with my luggage, and I fetch my bicycle from the end of the train.

It is going to be (=het wordt) a fine holiday. We both have bicycles, and Kees has a small boat in the canal. It is the boat of his father, but we always say that it is the boat of Kees. We don't sleep in the house, but in the cabin of the boat. One of us sleeps in the bunk. The other on a deck-chair that (=die) lies between two chairs. It is warm enough in summer.

When Kees and I come outside the station, we walk along the street, then along the town-canal and across the bridge to his home.

Vocabulary :

de sneltrein	the express-train
de tram	the tram
het perron	the platform
het loket	the booking office
het kaartje	the ticket
de conducteur	the conductor
———	
de tijd (op tijd)	the time (in time)
het uur	the hour
het kwartier	the quarter of an hour
de minuut	the minute
de vertraging	the delay
kwart voor . . .	a quarter to . . .
kwart over . . .	a quarter past . . .
———	
de gulden	the guilder (florin)
het kwartje	the 25 cent piece
het dubbeltje	the 10 cent piece
de stuiver	the 5 cent piece
de cent	the cent
het halfje	the ½ cent piece
———	
de krant	the newspaper
het boekenstalletje	the bookstall
———	
de vriend	the friend
de fiets	the bicycle
de vacantie	the holiday

Separable verbs :

aankomen	to arrive
neerzetten	to put down
opklimmen	to climb up
opendoen	to open
oplichten	to lift up
aansteken	to light
dichtdoen	to shut
afklimmen	to climb down
opnemen	to pick up
weggaan	to go away
afhalen	to meet (fetch from a train, etc.)
teruggeven	to give back, return
———	
halen	to fetch
kosten	to cost
fietsen	to cycle
helpen	to help
roepen	to call
heten	to be called
———	
best	best
nieuw	new
vreemd	strange, foreign
laat	late
genoeg	enough
pas	only
omdat	because

TIENDE LES — LESSON TEN

Dictation (for purposes of checking only) :

De groen geverfde luiken der beide kamers, die altijd door vrouw Willems zelfs tot 's namiddags voor de zon worden aangezet, glimmen ook nu in de middagstralen van de laatste Augustus-zon. Zie, nog even tuurt Lammert rechts en links, maar dan, dan stoot hij een der luiken een weinig terzij ; trekt zijn zakmes te voorschijn, en steekt de rug ervan zover mogelijk tussen de reet van 't kozijn en het venster. Wippende met het zakmes en drukkende met de linkerhand tegen het venster zelf, komt er na weinige ogenblikken rijzing in het enigszins knellende raam. Door de beide handen nu verder omhoog gedreven, piept het venster, en Lammert—verschrikt—ziet haastig weer rechts en links, maar dan,—dan slaat hij ook spoedig de beide handpalmen op het kozijn, wipt er zich op, springt naar binnen, trekt het luik weer dicht, doch laat het venster, vanwege het piepen, maar open.

Reading Matter :

NOG EEN AVONTUUR VAN DE BARON VAN MÜNCHHAUSEN

Op een keer is de baron in een groot bos in Duitsland aan het jagen. Het is in de kersentijd. De baron houdt van lekker eten, en hij heeft zijn zak vol kersen. Hij is erg tevreden, behalve met de jacht ; die gaat niet goed. Hij ziet allerlei wild, maar de dieren zijn schuw en komen niet dicht genoeg bij hem. Hij schiet op herten en wilde zwijnen, op hazen en konijnen, maar die dag raakt hij niets. Hij verschiet al de kogels en al de hagel die hij bij zich heeft, maar zonder geluk.

Opeens komt een prachtig mooi hert vlak voor hem tussen de bomen, het trotse gewei hoog in de lucht. 'Wat nu gedaan?' denkt de baron. 'Ik heb geen kogels meer!' Dan denkt hij aan de kersen. Vlug doet hij wat kruit in zijn geweer—(in de tijd van de baron zijn de geweren nog ouderwets) —doet wat kersen in zijn mond, en doet de kersepitten in de loop van zijn geweer. Vlug legt hij aan en schiet. Hij raakt het hert in het midden van het voorhoofd. Het hert wankelt, maar valt niet en ontsnapt. De baron herkent dan ook het hert als het hert dat hij vroeger miste. De kersepit is nu een boom, die vruchten draagt, en wortelt in het hoofd van het dier. Deze keer mist de baron niet, als op zijn vroeger bezoek; in één schot heeft hij nu zowel het vlees voor zijn tafel als de kersen voor de saus.

Als we de baron geloven, is het werkelijk een heel zonderling avontuur.

Grammar :

The Demonstrative adjective :

deze man	this man	die man	that man
dit kind	this child	dat kind	that child
deze mannen	these men	die mannen	those men
deze kinderen	these children	die kinderen	those children

Exercise 1. Answer in Dutch :

1. In welk land is het bos waar de baron jaagt ?
2. Waar houdt de baron van ?
3. Wat heeft hij in zijn zak ?
4. Waarom raakt de baron niets ?
5. Heeft de baron nog kogels als hij het hert ziet ?
6. Wat doet hij in de loop van zijn geweer ?
7. Wanneer ziet de baron het hert weer ?
8. Wat heeft het hert op zijn hoofd ?
9. Heeft de baron de twede keer meer geluk ?
10. Hoe maakt de baron saus voor het hertevlees ?

Exercise 2. Translate into Dutch :

1. this house
2. these houses
3. that garden
4. that land
5. this table
6. that knife
7. this year
8. this end
9. this plate
10. that loaf
11. this storm
12. that ship
13. those tablecloths
14. that newspaper
15. this apple
16. this wall
17. those trains
18. these ships
19. that tree
20. those trees

Exercise 3. Translate into Dutch :

1. The stag that stands in the forest has large antlers.
2. The tree that grows on the head of the stag bears cherries.
3. The tree on which cherries grow is on the head of the stag.
4. The gun with which the baron shoots is old-fashioned.
5. The baron hunts in a forest in which there are many wild boars.

Exercise 4. Translate into Dutch :

1. The stag is beautiful because it has large antlers.
2. There are cherries on (aan) the tree that grows on the head of the stag.
3. The stag at (op) which the baron shoots is very old.
4. The baron hunts because he likes the flesh of wild animals.
5. The wild animals that live in the forest are very shy.

Exercise 5. Translate into Dutch :

1. his antlers
2. her bicycle
3. her mother
4. our work
5. your visit (sg. formal.)
6. their friend
7. their friends
8. our holiday
9. your newspaper (sg. fam.)
10. your rooms (pl. fam.)

Exercise 6. Give the opposites of :

1. wit
2. warm
3. vrolijk
4. donkerbruin
5. bovenaan

Exercise 7. Translate into Dutch :

Near the coast lies a village. The village is not very large. Part of the village lies round the market square. In the middle of this square stand a number of tall trees. A few people are sitting on the grass round the trees and they look at the church with the churchyard and the few houses with their gardens. There are no large houses in the village.

In each street there are trees, so that the village is very pretty. One street comes from the small harbour where there are boats. There are always people on the quay, who look at the boats. The second street goes to the other side of the village. At that side there is a very small station, where a tram arrives in the morning, in the afternoon and in the evening.

Vocabulary :

het bos	the forest
de vallei	the valley

de jacht	the hunt
het geweer	the gun
de loop	the barrel (of a gun)
het schot	the shot
de kogel	the bullet
de hagel	shot (pellets)
het kruit	the gunpowder

het dier	the animal
het hert	the stag
de haas	the hare
het konijn	the rabbit
het (wilde) zwijn	the wild boar
het gewei	the antlers
de mond	the mouth
het voorhoofd	the forehead

de kers	the cherry
de kersepit	the cherry-stone
de pit	the stone (pip)
de kerseboom	the cherry-tree

de saus	the sauce
het vlees	the meat (flesh)

het bezoek	the visit
de keer	the time (the occasion)
de zak	the pocket
allerlei	all sorts of
behalve	except
weer	again
bij zich	on him
dicht bij	close by
naar huis	home (homeward)
de laatste	the last

Wat nu gedaan ?	What shall I do ?

aanleggen	to aim
dragen	to bear
groeien	to grow
geloven	to believe
herkennen	to recognize
jagen	to hunt
ontsnappen	to escape
opeten	to eat (up)
raken	to touch, hit
verschieten	to spend (bullet)
wankelen	to totter
wortelen	to strike root

klein	small
lekker	nice (to eat)
nieuwerwets	new-fangled
prachtig	splendid
schuw	shy
tevreden met	satisfied with
trots	proud
treurig	sad
vol	full
wonderlijk	wonderful
wild	wild

Elfde Les — Lesson Eleven

Spelling and pronunciation exercise :

1.	robijn	6.	razernij	11.	proefkonijn
2.	affuit	7.	veenboer	12.	meineed
3.	kruiloon	8.	puimsteen	13.	beetkrijgen
4.	scheurbuik	9.	snijboon	14.	keurteken
5.	kluitveen	10.	beenbreuk	15.	speenkruid

Dictation. (This dictation is to be understood and studied.)

De baron gaat enkele jaren later weer naar het wilde bos terug. Hij is weer aan het jagen, maar deze keer is hij gelukkig. Hij schiet op allerlei dieren en raakt ze allemaal. Dan gaat hij naar huis, maar als hij bijna uit het bos is, ziet hij een prachtig mooi hert. Het is een zonderling iets dat hij ziet. Tussen de takken van het trotse gewei staat een grote kerseboom, volgeladen met vruchten. Het is het hert dat hij kent van vroeger. Het hert hoort hem niet en ruikt hem niet. Hij legt zo vlug mogelijk aan en schiet. In één schot is het dier op de grond. Met trots kijkt de baron naar het sterke dier dat nu op het gras ligt.

Grammar :

Co-ordinate sentences.—Revise the rules for word-order as given in Lessons Two, Seven and Eight.

A sentence can be composed of two main sentences linked by a word indicating the existence of some connection between the two, though, in grammar, neither sentence is subordinate to the other. The word linking the two sentences is called a conjunction. It is usually considered as remaining outside the sentence proper, and does not influence the word-order of the following part of the sentence. Such conjunctions are : *en* =and, *maar* =but, *want* =for.

Examples :

(He goes home at 4 o'clock *and* he does his work.)
Hij gaat om vier uur naar huis, *en* hij doet zijn werk.
S V RRR —X— S V RRR

(It is very long, *but* it is not really long enough.)
Het is heel lang, *maar* het is toch niet lang genoeg.
S V RRR —X— S V RRR

(I am going home, *for* I am tired.)
Ik ga naar huis, *want* ik ben moe.
S V RRR —X— S V RRR

It is clear that there are no dependent clauses among the above examples, as in none of them does the Dutch finite verb have end-position. Compare them with the following example, a main clause with dependent clause of reason :

(He is going home, because he is extremely tired.)
Hij gaat naar huis, omdat hij vreselijk moe is.
S V RR R (x s............ v[1])

In many cases the word linking the co-ordinate sentences is taken to belong to the sentence it introduces, and causes inversion to take place ; the sentence is still clearly not a dependent clause :

(It is raining ; *hence* I shall stay at home.)
Het regent ; *darom* blijf ik thuis.
S V (RRR) —X— V S RRR

Reflexive Verbs (verbs in which the subject is the object of its own action).
Infinitive : zich wassen =to wash oneself.

N.B.—A verb that is reflexive in Dutch is not always reflexive in English and *vice versa*.

Present Tense:	Interrogative:
ik was me	was ik me ?
jij wast je	was je je ?
hij wast zich	wast hij zich ? etc.
zij wast zich	
het wast zich	
wij wassen ons	
jullie wassen jullie	
zij wassen zich	
U wast U, U wast zich	

The 2nd pers. pl. fam. varies :

jullie wassen jullie, jullie wast jullie
jullie wassen zich, jullie wast zich

Ik was me altijd voor het ontbijt. (I always wash before breakfast.)

Hij wast zich niet genoeg ; hij ziet er vuil uit. (He does not wash enough, he looks dirty.)

cf. *zich wassen* and *wassen* :

Zij wast haar handen voor en na de maaltijd.
Was jij de vruchten even ? Ik ga me wassen.

In this last example, note the use of the infinitive. The infinitive takes on the appropriate reflexive pronoun :

Ik ga me wassen	Wij gaan ons wassen
Jij gaat je wassen	Jullie gaan jullie wassen
Hij gaat zich wassen	Zij gaan zich wassen
Zij gaat zich wassen	
Het gaat zich wassen	U gaat U wassen

Other reflexive verbs are :

zich vervelen = to be bored
zich amuseren = to amuse (enjoy) oneself
zich snijden = to cut oneself

Use of the reflexive verb in dependent clauses :

Hij spat vreselijk als hij zich wast. (He splashes terribly when he washes.)

Je moet niet spatten als **je** je hier wast. (You must not splash when you wash here.)

Reading Matter :

's Morgens om halfacht loopt de wekker af. De wekker maakt een vreselijk leven, en staat op de tafel aan het ander eind van de kamer. Ik sta dus op, zet de wekker af en ga in mijn pijama naar de badkamer. Vader, die altijd vroeger opstaat, is daar nog ; hij scheert zich met een groot scheermes. Zijn scheerzeep en zijn scheerkwast staan op het plankje voor de spiegel. Ik wacht even. Hij ruimt alles op, en gaat daarna naar zijn kamer. Terwijl hij zich kleedt begin ik mijn toilet. Ik doe gauw wat water in de waskom, neem dan spons en zeep, en was me. Nu wordt ik pas echt wakker. Ik droog me aan de handdoek. —Waar is het nagelborsteltje ? Dat is weg ! Piet verliest altijd alles ! Nu zoek ik mijn tandenborstel en de tandpasta, even een kam door mijn haar en ik ga terug naar mijn kamer. Ik kleed me nu ook, en als ik klaar ben, ga ik naar beneden voor het ontbijt.

Exercise 1. Give the Dutch for the following times, in words :

1. 1.5
2. 7.15
3. 4.30
4. 5.25
5. 12.55
6. 8.36
7. 12.30
8. 8.45
9. 3.20
10. 4.15

Exercise 2. Translate in full :

1. Six thirty-six
2. Twenty-three past eight
3. Twenty-eight to twelve
4. Half past ten
5. Eight thirty-five

Exercise 3. Complete the following equations :

(*a*) 2 kwartjes + 5 dubbeltjes = ... gulden.
(*b*) 2 kwartjes + 3 dubbeltjes + 3 stuivers = ... cent.
(*c*) 7 dubbeltjes + 5 halve stuivers = ... cent.
(*d*) 2 stuivers + 3 cent + 4 halfjes = ... cent.
(*e*) 3 kwartjes = ... stuivers.
(*f*) 6 dubbeltjes + 3 stuivers = ... halve stuivers.
(*g*) 3 kwartjes + 6 dubbeltjes + 4 stuivers = ... gulden . . . . cent.
(*h*) 1 rijksdaalder = ... kwartjes = ... dubbeltjes = ... cent.
(*i*) 1g. 17½c. = ... kwartjes + ... dubbeltjes + ... halve stuivers.
(*j*) 90c. = ... kwartje + ... dubbeltjes + ... stuiver.

N.B.— + . . . plus. – . . . min. = . . . is.

Exercise 4. Translate into Dutch :

1. The baron who is in the forest sees the rabbits and the hares.
2. The stag that sees the baron runs away.
3. The animal, which is very strong, falls to the ground with one shot.
4. The baron is a man who enjoys himself when he is hunting.
5. The cherry-tree, which is laden with cherries, stands between the branches of the antlers.

Exercise 5. Translate into Dutch :

1. He is washing (himself).
2. He does not shave.
3. Is she not dressing ?
4. They are bored.
5. Are you (people) shaving ?

Exercise 6. Translate into Dutch :

An old alarum clock makes a terrible noise in the early morning. In the morning the noise of an old alarum clock is always terrible. At half-past six in the morning my window is open. Through the open window the fresh air comes in. The sun shines and the birds sing. They sing in the high trees that are near the house. The small birds make much noise, but I do not hear them before the alarum clock goes off, because I am sleeping. But, as soon as the alarum clock does go off (=goes off), I wake up. Then I go to the window and look outside (=naar buiten). There are no people in the street and no cars. Now I hear the birds, but they are shy. When I come to the window, they fly away. Do you get up early ?

Vocabulary :

de badkamer	the bathroom
het toilet	" wash and dress "
de handdoek	the towel
de kam	the comb
het nagelborsteltje	the nailbrush
de zeep	soap
de spiegel	the mirror
de waskom	the wash-basin
de spons	the sponge
het scheermes	the razor
de scheerzeep	the shaving soap
de scheerkwast	the shaving brush
de tandenborstel	the toothbrush
de tandpasta	the toothpaste
———	
de hand	the hand
het haar	the hair
de tand	the tooth
de nagel	the nail
de pijama	the pyjamas
———	
het jaar	the year
———	
het leven	the noise
———	
de tak	the branch
———	
aflopen	to go off (alarum clock)
afzetten	to turn off (alarum clock)
kennen	to be acquainted with
maken	to make
opstaan	to get up
opruimen	to clear away
ruiken	to smell
spatten	to splash
———	
zich amuseren	to amuse oneself, to enjoy oneself
zich wassen	to wash oneself
zich drogen	to dry oneself
zich scheren	to shave oneself
zich snijden	to cut oneself
zich kleden	to dress oneself
zich vervelen	to be bored
———	
gelukkig	lucky
gauw	quick(ly)
vlug	quick(ly)
sterk	strong
volgeladen	laden
vuil	dirty
———	
dus	therefore
daarna	after that
terug	back
terwijl	whilst

TWAALFDE LES — LESSON TWELVE

Spelling and pronunciation exercise :

1. stoven
2. pruilen
3. krullen
4. stuiven
5. beulen
6. bullen
7. tollen
8. builen
9. tallen
10. tule

Grammar :

Forms and use of the verbs *kunnen, mogen, moeten* and *willen.*

kunnen = to be able (can)	*mogen* = to be allowed (may)
ik kan	ik mag
je kunt, kan	je mag
hij kan	hij mag
wij kunnen	wij mogen
jullie kunnen, kunt, kan	jullie mogen, mag, moogt
zij kunnen	zij mogen
U kan, kunt	U mag

moeten = to have to (must)	*willen* = to want, wish
ik moet	ik wil
je moet	je wil, wilt
hij moet	hij wil
wij moeten	wij willen
jullie moeten, moet	jullie willen
zij moeten	zij willen
U moet	U wil, wilt

N.B.—Do not confuse the verb *willen* with English 'will' which is used to indicate the future.

Ik kan vinden	I am able to find (I can find)
Ik mag kijken	I am allowed to look (I may look)
Ik moet schrijven	I must write (I have to write)
Ik wil wandelen	I want to walk
Ik kan niet lopen	I cannot walk
Kan ik niet gaan ?	Can't I go ?

N.B.—The main verb goes to the end of the sentence.

I cannot find the house	Ik kan het huis niet vinden
I cannot find it	Ik kan het niet vinden

In dependent clauses it can go either immediately before or immediately after the finite verb.

Is dit het boek dat je niet vinden kunt ?
Is did het boek dat je niet kunt vinden ?

Reading Matter :

In de meeste kleine steden is er nog steeds een marktdag. Op die dag komen de boeren naar de stad om zaken te doen, en de boerinnen en plattelandsmensen doen hun inkopen.

Ze gaan naar de kruidenierswinkels, de klerenwinkels, de banketbakkers, en overal in de stad is het dan vol.

Die éne dag van de week staan er dan kramen op de markt, waar men van alles in de open lucht kan kopen. De kramen bestaan uit een ruwe houten toonbank met een eenvoudig dak van linnen of zeildoek. Men verkoopt er vooral stoffen : linnen, katoen, wol ; ook kleren en huishoudlinnen. Verder van alles : huishoudartikelen, vruchten, snoepgoed, zogenaamd zilver en goud, galanterieën, aardewerk, koperen voorwerpen, en de ongelooflijkste artikelen liggen er soms ten toon.

Exercise 1. Translate into Dutch :

1. He must wash and shave himself.
2. He must be bored where he is.
3. Are we allowed to come ?
4. You must come back.
5. Does he want to eat ?

Exercise 2. Translate into Dutch :

1. They do not enjoy themselves.
2. We cannot do it.
3. Are we allowed to come ?
4. Won't he say it ?
5. You must tell us.
6. You are not allowed to look.
7. Can you smell it ? (fam.)
8. They cannot amuse themselves.
9. He must shave first.
10. Can't you give it to us ?

Exercise 3. Translate into Dutch :

1. You must go home.
2. We are not allowed to go away.
3. Don't you want to walk ?
4. Can he find them ?
5. The boat can't sail.
6. The horse wants to drink.

7. You must give it to me.
8. Will you have it ?
9. You must write home.
10. Do you want to hear it ?

Exercise 4. Give the full Present Tense of each of the following verbs :

to stand	to remain
to come	to wash oneself
to be	to do
to see	to ride
to have	to buy

Exercise 5. Answer the following questions referring to the illustration :

1. Wat ziet U op de achtergrond ?
2. Wat ziet U rechts van voren ?
3. Waar is de jongen met de fiets ?
4. Wat houdt de man voor het linkse kraam op zijn arm ?
5. Hoeveel mensen staan er naar te kijken ?
6. Wat ziet U tussen de twee kramen ?
7. Waar is de kerktoren ?
8. Wat ligt er op de toonbank van het linkse kraam ?
9. Wat ligt er op de toonbank van het rechtse kraam ?
10. Waar staat de boerin ?

Exercise 6. Give the plural forms of :

1. het kraam	11. de stof
2. de bakker	12. de week
3. de winkel	13. de boerin
4. het voorwerp	14. de bank
5. de dag	15. de smid
6. de markt	16. de zaak
7. de rol	17. het dak
8. de stad	18. de kerktoren
9. de boer	19. het café
10. de fiets	20. de gevel

Exercise 7. Translate into Dutch :

1. I want to begin.
2. I do not want to begin.
3. Now he must come.
4. They begin to come.
5. He wants to buy a box.
6. You must take it out of the case.
7. He does not know what he wants.
8. She wants to buy some material.
9. Here is the material she wants to buy.
10. What does she want to buy ?

Exercise 8. Translate into Dutch :

The merchant goes to the market. The big market is in the middle of the town. We call it the Big Market, because there are other markets in the town, such as the fish market and the cattle market.

Our merchant goes to his usual place. He comes with a boy who pushes a barrow. On the barrow are some packing cases with merchandise and the poles and roof of the booth.

In a few moments the booth is ready. Fortunately the weather is fine and the sun shines on the white roof. The boy goes to the merchant's shop and fetches some more goods. On the counter of the booth the merchant puts piles of goods. On the left he puts a few rolls of material ; in the middle he unrolls a few rolls and on the right he has boxes with all sorts of goods, such as buttons and ribbons of all colours.

Exercise 9. Translation into Dutch, continued :

Now the people begin to come.

First comes a woman who buys three yards of cotton, then a girl who buys a couple of hair ribbons. A peasant woman buys a box of buttons. The merchant is very busy and the boy has to help him. He must take the articles out of the boxes and cases that are under and behind the counter and give them to the man.

There are also people who do not know what they want to buy. They first look here, then they look there, but a merchant likes it when there are many people round his stall.

The entire market is now full of people, and the peasant and the country woman enjoy their day in town.

Vocabulary, containing a number of words not given elsewhere in the lesson :

de beurs	the purse, the Exchange

de jaarbeurs	the annual trade fair
de Grote Markt	the market square
de vismarkt	the fish market
de veemarkt	the cattle market
de kaasmarkt	the cheese market
de vis	the fish
het vee	the cattle

het kraam	the booth, stall
het staangeld	the market dues
de toonbank	the counter
de klant	the customer
de kruideniers-winkel	the grocer's shop
de kruidenier	the grocer
de banket-bakker	the pastrycook
de bakkerij	the bakery
de confectie-zaak	the clothier's, ready-made clothing shop
de snoepwinkel	the sweetshop
de inkopen	the shopping
het goed	the material
het ellegoed	material sold by the yard
de stof (het stof)	the stuff, material (the dust)

de goederen	the goods, merchandise
de rol stof	the roll of material
de stapel	the pile
de hoop	the heap
de kist	the packing case
de doos	the (small) box
de el	the yard

de knoop	the button
het lint	the ribbon
het paar	the couple, pair
een paar	a couple, a pair, a few

het linnen	the linen
het zeildoek	the sailcloth
het katoen	the cotton
de wol	the wool
de kleren	the clothes
het huishouden	the household
het huishoud-linnen	the household linen
het zilver	the silver
het goud	the gold
de galante-rieën	the fancy goods
het aardewerk	the earthenware
het artikel	the article
het voorwerp	the object
de kruik	the jug
de schaal	the dish

de jongen	the boy
het meisje	the girl
de boer	the peasant, farmer
de boerin	the country-woman, farmer's wife
de plattelands-mensen	the country folk
het platteland	the country, the countryside

de gevel (də 'ɣevəl)	the façade, front of house
de trapgevel	the old style Dutch façade

oprollen (sep.)	to roll up
ontrollen (insep.)	to unroll

zaken doen	to do business
inkopen doen	to do the shopping
bestaan uit	to consist of
te koop aanbieden	to offer for sale
betalen	to pay
verkopen	to sell

kunnen	to be able (can)
mogen	to be allowed (may)
moeten	to have to (must)
willen	to want to

eenvoudig	plain, simple
tweedehands	secondhand
stoffig	dusty
meest	most
ongelooflijk	incredible

Het ziet er mooi uit	It looks fine
Ik heb het (heel) druk	I am (very) busy
Ik heb het graag	I like it
Het ligt ten toon	It lies on show

DERTIENDE LES   LESSON THIRTEEN

Dictation, for purposes of checking only :

Zij had eerst haar boek en toen haar handwerkje in de vensterbank neergelegd en zij zat zo maar stil te kijken ; zij zag de lichte lucht, het blauw dat al grijzer werd van de vallende avond, vol zwevende en wegscherende vogels, de donkere huizen, en de grauwe mussen die buiten haar raam van het gladgevrozen kozijn kruimels zaten te pikken. Zij zag achter de grachthoek de Amstel blinken en al mistiger worden, en over de brug in de verte trams en kleine mensen gaan : het was alles stil, helder en zonder geluid en zij wachtte dat het schemeren ging, voor zij op wilde staan en licht maken. De kamer werd al donkerder achter haar, in de halfduistere porceleinkast danste al, een spel van vuur en wit en blauw, weerschijn der vlammen langs haar Japanse schatten ; langs de muren joegen al, iedere keer als de gloed van de haard weer opvlamde, schaduwen en rood licht over gouden lijstwerk en glanzend hout.

Exercise 1. Give the full Present Tense of the following verbs :

1. gaan
2. zitten
3. reizen
4. doen
5. lopen
6. rijden
7. aankomen
8. leven
9. eten
10. vertrekken

Exercise 2. Give the full Present Tense of :

zich vervelen

Exercise 3. Give the full Present Tense of :

kunnen zijn mogen hebben moeten

Exercise 4. Give two translations of each of the following sentences, by beginning the sentences in different ways :

1. He arrives home at half-past seven.
2. The tram first goes to the other station.
3. You can see many foreign newspapers on the bookstall.
4. There are many people at the booking office.
5. The foreign newspapers are too expensive here.

Exercise 5. Translate into Dutch :

1. When I arrive at the market, there are many people.
2. If (=als) he has no bicycle, we must walk.
3. When he goes away, he always takes a book.
4. The train with which John arrives is a quarter of an hour late.
5. The ticket with which you can go on the platform is called a platform ticket.

Exercise 6. Translate into Dutch :

1. This alarum clock does not make much noise when it goes off.
2. In order to turn off the alarum clock I must get up.
3. When Peter washes, he splashes terribly.
4. As I wash, he dresses.
5. I can see in the mirror what he does.
6. The razor father uses is extremely large.
7. He only wakes up when he puts his head in (the) cold water.
8. He goes downstairs when he is ready.
9. Peter says that the nailbrush which I can't see lies on the shelf.
10. She says that my hands look dirty.

Exercise 7. Give the Dutch for the following times, in words:

1. 1.5
2. 3.15
3. 3.20
4. 12.45
5. 7.48
6. 6.30
7. 7.30
8. 9.45
9. 4.32
10. 4.28
11. 11.35
12. 6.25
13. 12.30
14. 7.45
15. 1.40
16. 4.18
17. 2.48
18. 3.36
19. 8.30
20. 11.50

Exercise 8. Translate into Dutch:

1. a large forest
2. large forests
3. nice food
4. wild animals
5. a beautiful stag
6. beautiful stags
7. the last cherry
8. a tall tree
9. four shots
10. the nice cherries
11. the shy animals
12. the large forest
13. the new house
14. a proud man
15. the strong head
16. a strong head
17. the strange adventures
18. the small cherry-stone
19. an old-fashioned gun
20. the new gun

Exercise 9. Translate into Dutch:

1. my house
2. our house
3. our chairs
4. her bathing costume
5. their deck-chairs
6. his horse
7. your boat (fam. sg.)
8. your boat (fam. pl.)
9. your boat (formal)
10. its spade

Exercise 10. Translate into Dutch:

1. this merchant
2. that roll of material
3. this toothbrush
4. these packing-cases
5. those shaving brushes
6. that barrow
7. this hair ribbon
8. those hair ribbons
9. this apple
10. this fruit (=vruchten)
11. that forest
12. that glass
13. that plate
14. that fork

15. these plates
16. these forks
17. those spoons
18. this gun
19. that horse
20. those streets

Exercise 11. Translate into Dutch :

1. The man of whom you are thinking can't do it. (denken aan = to think of)
2. Is this the train for which we are waiting ? (wachten op = to wait for)
3. The merchant to whom this stall belongs has a shop at the corner of our street.
4. The stall on which the rolls of material lie stands near the town hall.
5. They are in front of the stall at the side of which the boy with the bicycle stands.

Exercise 12. Translate into Dutch :

1. The boy lifts the packing-cases, but the man must help him.
2. The man helps him, for the boy is not strong enough.
3. The man must help him, because the boy is too small.
4. The boy is too small ; hence the man must help him.
5. The man who must help him is the merchant.
6. This case is very large, but it is not very heavy (= zwaar).
7. In summer the beach is beautiful, but in winter it is cold, and one (= men) cannot swim.
8. Peter enjoys himself, for he digs holes with his spade.
9. There is an orchestra on the promenade, for the visitors like music.
10. The people listen because they like music.

Exercise 13. Tell the story of the Baron and his horse in the snow, in your own words.

Exercise 14. Tell the story of the Baron and the stag in your own words.

VEERTIENDE LES — LESSON FOURTEEN

DE BARON VAN MÜNCHHAUSEN HEEFT EEN ANDER AVONTUUR

De baron is nu aan het vechten in een oorlog tegen de Turken. Hij is de aanvoerder van een kleine bende ruiters voor het stadje Ozakow. De vijand doet een uitval, maar de huzaren van de baron zijn zo dapper, dat zij de Turken weerstaan en ze op de vlucht jagen. De baron achtervolgt de vluchtende Turken, en zijn paard is zo vurig en snel, dat hij de voorste vervolger is. Met de laatste vluchtelingen dringt hij de stadspoort binnen, en rijdt door tot het marktplein. Hier kijkt hij rond, maar hij ziet geen enkele van zijn huzaren. Waar zijn die toch? De baron denkt dat het beter is even op ze te wachten. In het midden van het marktplein staat een heldere fontein. 'Mijn paard heeft zeker wel dorst.' Hij rijdt dus naar de fontein toe, en het paard begint van het heldere bronwater te drinken. Maar niets schijnt de dorst van het paard te lessen.

Het drinkt, en drinkt, al maar door. Achter zich hoort de baron het water neerkletteren op de keien van het marktplein.

Wat is de uitleg ? Als de laatste vluchtelingen de poort binnen zijn, laat men de valpoort neer, en die komt met een slag op het paard van de baron, en snijdt het in twee stukken. Het achterlijf van het paard blijft buiten de valpoort liggen, maar het moedige paard loopt door tot de fontein.

Dit is wat de baron ons vertelt . . .

En wat hij verder vertelt is een nog groter wonder. Hij leidt zijn paard bij de teugel terug naar de stadspoort. Daar vindt hij het achterlijf van het dier, en draagt dit terug naar zijn kamp, waar de paardedokter de twee delen met lauwertakken aan elkaar vastmaakt.

De operatie gelukt, de twijgjes groeien, en, enkele maanden later, is het paard weer gezond en wel, en rijdt de baron onder een dak van steeds groene lauweren.

Exercise 1. Answer in Dutch :

1. In welk land is de baron nu ?
2. In welk land is de baron in het eerste verhaal ? En waar in het tweede verhaal ?
3. Wat doet de baron in Turkije ?
4. Waar zijn de ruiters van de baron ?
5. Wat zijn die ruiters ?
6. Wat doet de vijand en wat doen de huzaren dan ?
7. Hoe is het paard van de baron ?
8. Uit welk verhaal kennen wij dit paard ?
9. Hoe komt de baron op het marktplein ?
10. Waarom zijn de huzaren niet op het marktplein ? Wat doet men met de valpoort ? Wanneer laat men die neer ?
11. Waar gaat het paard drinken ?
12. Wat hoort de baron ?
13. Hoe komt dat ?
14. Wat doet de baron dan ?
15. Wat vindt hij buiten die valpoort ?

16. Waar gaat hij dan naartoe ?
17. Wat doet de paardedokter ?
18. Gelukt de operatie ?
19. Wat groeit er op de rug van het paard ?
20. Gelooft U dit verhaal ?

Exercise 2. Translate into Dutch :

1. this war
2. that war
3. those hussars
4. these wells
5. that operation
6. that laurel bush
7. those sallies
8. this pump
9. that piece
10. those pieces

Exercise 3. Translate into Dutch :

1. the famous baron
2. the great war
3. a great war
4. the brave captain
5. the small band
6. the small town
7. the brave hussars
8. a brave hussar
9. the fiery horse
10. a fast horse
11. a clear fountain
12. a healthy horse

Vocabulary :

de oorlog	the war
de aanvoerder	the leader (captain)
de vervolger	the pursuer
de bende	the band
de ruiter	the horseman
de huzaar	the hussar
de uitval	the sally
de vlucht	the flight
de vluchteling	the fugitive, the refugee

de stadspoort	the town gate
de valpoort	the portcullis
de fontein	the fountain
de bron	the well
het bronwater	the wellwater
de pomp	the pump
de kei	the cobble
de dorst	the thirst

de uitleg	the explanation
de slag	the blow
het stuk	the piece
het achterlijf	the hindquarters
de dokter	the doctor
de paardedokter	the horsedoctor
de veearts	the veterinary surgeon
het kamp	the camp
de lauwertak	the laurel branch
de lauweren	the laurels
de operatie	the operation
de twijg	the twig

dapper	brave
vurig	fiery
snel	fast
moedig	courageous, brave
gezond	healthy
de voorste	the foremost
de laatste	the last
vechten	to fight
aanvoeren	to lead
weerstaan	to resist
achtervolgen	to pursue
vluchten	to flee, fly
dringen	to crowd
lessen	to quench
neerkletteren	to clatter (down)
neerlaten	to let down
snijden	to cut
vastmaken	to fix
op de vlucht jagen	to put to flight

VIJFTIENDE LES LESSON FIFTEEN

Dictation (for purposes of checking only) :

De reiger maakt een indruk van grote rust op ons, doch dit is slechts schijn. Want plotseling zien we, hoe de kop omlaag schiet. De snavel verdwijnt in het water en een ogenblik later spartelt een flinke vis in de snavel. Als het een grote vis is, dan doet de vogel een paar stappen naar de kant, waar hij zijn prooi een paar keer tegen de stenen slaat, voor hij hem in het wijde keelgat laat verdwijnen. Nog een paar maal wordt de snavel door het gras gestreken en dan stapt de visser weer naar het wak, om opnieuw zijn geluk te beproeven. Of hij vliegt naar een volgende visplaats. Want het beeld van de reiger, die urenlang op zijn prooi staat te wachten, is wel algemeen verbreid, maar biologisch fout. In werkelijkheid is de reiger een vrij beweeglijke vogel, die van de eene visplaats naar de andere wandelt of vliegt en zich maar weinig rust gunt.

In order to be able to speak Dutch politely, the following points must be carefully studied. They matter a great deal and help to make a favourable impression on Dutch people.

Names descriptive of people :

de man =the man
de heer =the gentleman, the man
de vrouw =the woman
de dame =the lady, the woman
de juffrouw =the unmarried woman, or married woman of the lowest middle class (pronounced 'jœfrɔu).

het jongmens, de jongelui
=the young man—the young men

het jongmeisje, de jonge meisjes
=the young woman—the young women

'De jongeheer' and 'de jongedame' are somewhat old-fashioned now, in the same way as in English the terms 'young gentleman' and 'young lady' are becoming old-fashioned.

We already know: de jongen, het meisje, het kind, de baby.

Ordinary titles of address:

1. *Used alone*, by way of exclamation, or at the end of a sentence:

Meneer! or the older form Mijnheer (always pronounced 'mə'ner')	=Sir
Mevrouw!	=Madam
Juffrouw! (pronounced jə'frɔu)	=Miss or Madam (see above)

N.B.—The English 'Sir' and 'Madam' are much more formal than the Dutch 'Meneer!' and 'Mevrouw!' Whereas 'Miss' is not correct English, 'Juffrouw' is entirely correct in Dutch.

2. *Used with the name:*

Meneer Jansen!	=Mr. Jansen
Mevrouw Jansen!	=Mrs. Jansen
Juffrouw Jansen! (pronounced: 'jœfrə 'jansə)	=Miss Jansen; or a Mrs. Jansen belonging to the lowest middle class.

Make a careful study of the following conversational expressions :

Dag, meneer ! (daɣmə'ner)
(' meneer ' is often written ' mijnheer ')
Dag, mevrouw ! (daɣmə'vrɔu)
Dag, juffrouw ! (daɣjə'frɔu)

These exclamations are used both on meeting and on parting. The first one is used in addressing a man ; the second one in addressing a married woman of the middle and upper classes ; the third one in addressing an unmarried woman of the upper and middle classes and also a married woman of the lowest middle class and working class.

The greetings : Goeden morgen (ɣujə'mɔ:ɣə), good morning
Goeden middag (ɣujə 'mɪdax), good afternoon
Goeden avond (ɣujə 'navənt), good evening
are decidedly more familiar.

To add the person's name makes the greetings more cordial, though formal :

Dag, meneer Jansen !
Goeden morgen, meneer Pietersen !

The familiar ' goodbye ' can be rendered by ' Tot ziens '.

Note the following :

Hoe gaat het met U ? (hu'ɣatətmɛty) =How are you ?
Goed, dank U, en met U ? (gu'dɑnky, ɛmɛ'ty) =Thanks, very well, and you ?

In giving something, one says :

(1) in formal speech : Alstublieft.
slightly less formal : Alstublief, astublief.

(2) in familiar speech : Asjeblief (ɑʃə'blif), sometimes : Alsjeblief.

The answer to this is :

Dank U (formal), Dank je (familiar).

To accept something offered, one says :

Alstublief(t), *or* : Graag, *or* : Heel graag, *or* : Met genoegen.

To refuse something offered :

Dank U. *or* Nee, dank U.

If pressed, one still wishes to refuse :

Nee, heus niet, *or* : Nee, werkelijk niet.

To ask for information :

Kunt U me zeggen—hoe laat het is ?
—waar hij woont ?
—of dat waar is ?
—waar het station is ?

To offer a cup of tea, etc. :

Mag ik U een kopje thee aanbieden ? =May I offer you a cup of tea ?

or : Wilt U een kopje thee ? =Would you like a cup of tea ?

or : Hebt U zin in een kopje thee ? . . . koffie ? =Do you feel like a cup of tea ? . . . coffee ?

Wilt U nog een kopje thee ? =Would you like another cup of tea ?

Exercise 1. Draw up a complete list of the words connected with trade, commerce and transport that are used in the previous lessons ; e.g. de koopman, de lading, kopen, etc., in Lesson Three. Write fifteen sentences, each containing at least one word from your list.

Exercise 2. Give the full Present Tense of the Dutch verbs corresponding to the following English verbs :

1. to do
2. to stand
3. to be
4. to eat
5. to go
6. to be bored
7. to arrive
8. to have
9. to dress (oneself)
10. to write

Exercise 3. Which Dutch coins are made of bronze ? Which of nickel ? Which of silver ?

Exercise 4. Complete the following equations. Note again, that when in English one says : five guilders, the Dutch say : vijf gulden, unless they refer to five actual coins, in which case it is : vijf guldens.

(*a*) 12 dubbeltjes + 3 kwartjes + zes stuivers = ... centen = ... gulden . . . . cent.

(*b*) 2 gulden 50 = 7 kwartjes + ... dubbeltjes + ... stuivers.

(*c*) 3 dubbeltjes + 5 cent = ... halve stuivers.

(*d*) 2 kwartjes = 6. . . . + 3. . . . + 2. . . .

(*e*) 3 kwartjes + 4 dubbeltjes + 3 halve stuivers = ... cent.

(*f*) 1 gulden 30 = ... dubbeltjes = ... stuivers = ... kwartjes + ... dubbeltjes.

(*g*) 1 rijksdaalder = ... guldens + ... kwartje + ... dubbeltje + ... centen.

(*h*) 34 cent = 2 dubbeltjes + ... halve stuivers + ... centen.

(*i*) 1 rijksdaalder—1g. 87 = ...

(*j*) 7g. 35—3g. 48 = ... guldens + ... kwartjes + ...

ZESTIENDE LES — LESSON SIXTEEN

Dictation :

Ze komen in een groot kantoorvertrek. In het midden staat een dubbele vier-persoons lessenaar met aan weerszijden twee hoge krukken. In een hoek bij een raam een tafeltje en daarop het oudste soort schrijfmachine, dat hij zich kan herinneren, de toetsen in een boog.

En ook een copiëer-pers ! Akelig om aan te zien ; in een tijd van stalen meubelen en adresseermachines wordt je d'r koud van. Tegen een der wanden een zestal glimmende mahoniehouten stoelen met rood pluche zitting en een ronde rug. Dit is de afdeling wachtkamer en men verzoekt hem te gaan zitten.

Er moeten vroeger op dit notariskantoor toch minstens vier klerken zijn geweest, berekent hij ; de eindeloze stukken werden drie of viermaal met de penhouder overgeschreven. En toen kwam de schrijfmachine met zijn vier of vijf doorslagen. Weg klerken.

Translate the above passage with the help of the following vocabulary.

Vocabulary :

de notaris	the notary (public)	het staal	the steel
de klerk	the clerk	stalen	(made) of steel
het kantoor	the office		
het vertrek	the room	het stuk	the document
de wand	the wall	de adresseer-machine	the addressograph
de kruk	the stool	de schrijf-machine	the typewriter
de zitting	the seat	de doorslag	the carbon copy
de pluche	the plush	de toets	the key
het mahonie-hout	the mahogany	de boog	the arc, curve

een zestal	five or six, half a dozen	akelig	awful
		eindeloos	endless
aan weerszijden	on both sides	overgeschreven	copied
		verzoeken	to request
weg	away, gone	berekenen	to reckon

Grammar :

The grammar given in this lesson covers the Lessons Seventeen to Twenty-one (inclusive). It must be fully understood, but the learning of it can be spread over a few lessons.

The Past Tense (*Imperfect*).—Weak verbs are those verbs which form their Past Tense by adding either -te or -de (-ten or -den in the plural) to the root syllable. Remember : weak, because the root syllable cannot stand alone.

Examples :

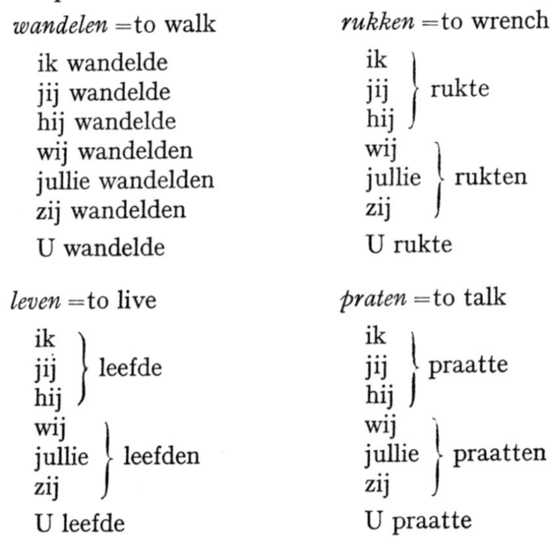

wandelen =to walk

ik wandelde
jij wandelde
hij wandelde
wij wandelden
jullie wandelden
zij wandelden
U wandelde

rukken =to wrench

ik } rukte
jij } rukte
hij } rukte
wij } rukten
jullie } rukten
zij } rukten
U rukte

leven =to live

ik } leefde
jij } leefde
hij } leefde
wij } leefden
jullie } leefden
zij } leefden
U leefde

praten =to talk

ik } praatte
jij } praatte
hij } praatte
wij } praatten
jullie } praatten
zij } praatten
U praatte

schudden =to shake

ik, jij, hij — schudde
wij, jullie, zij — schudden
U schudde

reizen =to travel

ik, jij, hij — reisde
wij, jullie, zij — reisden
U reisde

peinzen =to ponder

ik, jij, hij — peinsde
wij, jullie, zij — peinsden
U peinsde

I walked
I wrenched
I lived
I talked
I shook
I travelled
I pondered

(1) The additional syllable is -te or -de for the singular, -ten or -den for the plural.

(2) For the form of the root : write it as pronounced, or as written in the first person singular of the Present Tense.

e.g. praten ; pronounce root : praat (not prat), same form for the first person sing. Pres.

leven ; pronounce root : leef, etc.
reizen ; pronounce root : reis, etc.

(3) -te(n) is added when the final sound of the root as in the infinitive is voiceless.

-de(n) is added when the final sound of the root as in the infinitive is voiced.

(3*a*) There is a simple way of knowing whether to add -te or -de, namely by learning the following word, after the consonants of which one adds -te :

't kofschip : t—k—f—s—ch—p

All other consonants and all vowels take -de(n).

Strong verbs are those verbs which change the root vowel in their Past Tense ; they do not add an extra syllable to the root in the singular, but add -en in the plural.

Examples :

lopen =to walk, run	*rijden* =to ride	
ik liep	ik	
jij liep	jij	reed
hij liep	hij	
wij liepen	wij	
jullie liepen	jullie	reden
zij liepen	zij	
U liep	U reed	

Translation of the Dutch Past Tense : as, in the Present Tense, we have translated both ' I travel ' and ' I am travelling ' by the one form ' ik reis ', we shall be able to translate both ' I travelled ' and ' I was travelling ' by ' ik reisde '. There are the Dutch forms, ' ik ben aan het reizen ', and ' ik was aan het reizen ', but they stress the continuous aspect of the action even more than the English continuous forms.

Learn the following irregular Past Tenses :

zijn		*hebben*		*worden* =to become	
ik		ik		ik	
jij	was	jij	had	jij	werd
hij		hij		hij	
wij		wij		wij	
jullie	waren	jullie	hadden	jullie	werden
zij		zij		zij	
U was		U had		U werd	

ZEVENTIENDE LES　　　LESSON SEVENTEEN

HET LEVEN VAN DE FLES

Naar een verhaal van Hans Andersen

I. *De Glasfabriek*

Een fles is een gewoon, dagelijks voorwerp. Maar de fles van ons verhaal had zijn eigen gevoelens. Hij was een wijnfles. Met trots keek hij naar andere producten van de glasfabriek, zoals jampotjes en mosterdflesjes, en hij was blij dat hij niet zo was. Want wijn is toch heel anders dan jam.

De fles dacht aan veel dingen : aan de rumoerige fabriek, waar alles toch zo rustig en ordelijk gebeurde, aan het zand, van diep uit de grond, aan de soda en de kalk, die in de ovens gingen om hem te vormen ; aan de vlammen, aan de heen en weer lopende arbeiders, aan het smelten, het persen ; dacht ook aan de heerlijke reis door de koeloven.

Als een feniks kwam de fles uit het vuur ; hoe nieuw waren nu de oude stoffen van de aarde. Veel flessen braken in de koeloven, maar onze fles kwam er uit zonder een enkele fout.

Over een lange band ging de fles naar het magazijn van de fabriek ; de band liep langs de hoge glasramen, en de fles keek naar het hoge dak en de stalen balken van het gebouw. Op zijn reis zag hij de glasblazerij : hij was blij dat hij geen drinkglas was : zo een glas breekt zo makkelijk. In het magazijn stonden duizenden en duizenden flessen ; de werklui van de fabriek deden wat stro om de flessen on pakten ze in kisten, gereed om weg te gaan.

De fles wachtte.

(Wordt Vervolgd)

Notes on the strong verbs used in this lesson :

1. Verbs with -ij- in the root are strong ; in the past tense they change this -ij- sound to -ee- (in the singular) and -e- (in the plural) :

	(Pres. T.)	(Past T.)
kijken =to look	ik kijk	ik keek
glijden = to glide	ik glijd	ik gleed

Full Past Tense of *rijden* =to ride :

ik reed
jij reed
hij reed
wij reden
jullie reden
zij reden
U reed

2. A regular strong verb is :

lopen (Pres. T.) ik loop (Past T.) ik liep

3. Irregular strong verbs are :

denken =to think	(Pres. T.) ik denk	(Past T.) ik dacht
gaan	ik ga	ik ging
staan	ik sta	ik stond

4. Note the following irregular strong verb :

doen (Pres. T.) ik doe (Past T.) ik dee(d)
jij dee(d)
hij dee(d)
wij deden
jullie deden
zij deden
U dee(d)

The -d- at the end of the root is rarely pronounced in the singular, though often written ; in the plural the pronunciation can follow the spelling or the second -d- can be pronounced as a -j-.

5. A number of strong verbs that form their Past Tense in -a- (a), vowel no. 7 of Lesson One, take, in the plural forms of the Past Tense the vowel a (ɑ), no. 6 of Lesson One.

Thus :

komen (Pres. T.) ik kom (Past T.) ik kwam
jij kwam
hij kwam
wij kwamen
jullie kwamen
zij kwamen
U kwam

N.B.—Remember that the Present Tense of ‘ komen ’ is irregular in a similar way.

breken	ik breek	ik brak, wij braken
spreken	ik spreek	ik sprak, wij spraken
zien	ik zie	ik zag, wij zagen

6. The irregular auxiliary.

kunnen ik kan, etc.
ik kon
je kon
hij kon
wij konden (konnen)
jullie konden (konnen)
zij konden (konnen)
U kon

Exercise 1. Dictation and pronunciation practice :

1. kluif
2. green
3. kirren
4. kruin
5. keren
6. grein (grijn)
7. kopstuk
8. Spanjaard
9. grijns
10. kornuiten
11. voorouders
12. grenenhout
13. vreugde
14. klei (klij)
15. lieren
16. leren
17. griend
18. toekomstig
19. druppeltje
20. zenuwen

Exercise 2. Indicate which rule of those given in Lesson Sixteen accounts for the form of the Past Tense of each of the weak verbs that occur in the story of this lesson.

Exercise 3. Answer in Dutch :

1. Waar maakt men flessen ?
2. Wat maakt men in een glasfabriek ?
3. Wat is een wijnfles ?
4. Waarom was onze wijnfles zo trots ?
5. Wat is een mosterdpotje ?

6. Wat is de kleur van mosterd ?
7. Wat is een drinkglas ?
8. Is het stil in de fabriek ?
9. Waarom is het toch rustig in de fabriek ?
10. Wat doet men in de ovens ?
11. Waarom was de koeloven heerlijk ?
12. Wat is een koeloven, en wat gebeurt daar ?
13. Hoe ging de fles naar het magazijn ?
14. Wat kon de fles boven zich zien ?
15. Was de fles alleen in het magazijn ?
16. Hoe kwamen de andere flessen in dat magazijn ?
17. Hoe heten de mensen die in een fabriek werken ?
18. Wat doen de mannen van het magazijn met de flessen ?
19. Is een kist van ijzer ?
20. Wat voor vogel is een feniks ?

Exercise 4. Describe the factory in Dutch.

Vocabulary :

de aarde	the earth
de kalk	the lime
de soda	the soda
het stro	the straw
de arbeider	the labourer
de werkman (de werklui)	the workman (the workmen)
de fabriek	the factory
de glasblazerij	the glass (blowing) works
het magazijn	the store rooms
de balk	the beam, girder
de band	the conveyor belt
het vuur	the fire
de vlam	the flame
de oven	the oven
de koeloven	the cooling oven
het product	the product
de mosterd	the mustard
de wijn	the wine
de feniks	the phoenix
de fout	the fault, flaw, mistake
het gevoel (de gevoelens)	the feeling (the feelings)
het leven	the life
het verhaal	the story
blij	glad
dagelijks	daily
duizend	thousand
gewoon	ordinary
gereed	ready
heen en weer	to and fro
makkelijk	easy (easily)
ordelijk	orderly
rumoerig	noisy
rustig	quiet, peaceful
heerlijk	lovely
persen	to press
pakken	to pack
smelten	to melt, smelt
vormen	to form, shape

(Vervolg)

II. *De Wijnhandel*

Op een dag kwam een werkman opeens het magazijn binnen; hij zette de kist, waar onze wijnfles in was, samen met andere kisten op een wagen. Waar ging dat naar toe?

Er was geen deksel op de kist, en de fles kon zien waar de wagen ging. Na een lange rit door de drukke straten stopten paard en kar voor een wijnhandel in een drukke winkelstraat. De voerman lichtte de kist op en zette die op de stoep voor de winkel.

In de kelder, waar de wijn was, was het donker, maar o! zo romantisch. In het licht van enkele kleine gasvlammetjes zag onze fles grote rekken met volle flessen staan, en langs één van de witgekalkte muren stond een rij vaten. Er hing een zware geur van wijn, en overal waren kleine bordjes met vreemde buitenlandse namen, en met getallen en datums. Dat was het echte leven. De geur alleen maakte onze fles al een beetje dronken. Eerst kreeg hij een bad: hij werd met lauw water gespoeld en in een droogrek gelegd. Toen kwam de wijnkoopman binnen; hij keek naar een vat dat gereed stond, nam de lege flessen en begon ze te vullen aan de kraan, die onder aan het vat was. Na een poosje kwam onze fles aan de beurt. Toen al de flessen vol waren, haalde hij de kurken en hamerde ze op hun plaats. Toen nam hij een staafje zegellak en verzegelde elke fles; met zijn grote gouden zegelring stempelde hij er de letters van zijn naam op. Daarna nam hij een mooi etiket, plakte dat op de fles, legde hem in een rek naast andere flessen, en ging weer naar boven.

O, wat duurde het lang, voor de wijn oud en goed genoeg was. Eerst was de fles kwaad toen het stof uit de lucht op hem neerviel; maar later hoorde hij van zijn buren dat dit een eer was: net als een jongensbaard die begint te groeien.

Toen werd de fles ongeduldig. Hij wachtte.

(Wordt Vervolgd)

Notes on the strong verbs used in this lesson:

1. *krijgen*; cf. Note 1 of Lesson Seventeen.

2. *nemen*; (Past T.) ik nam, wij namen; cf. Note 5 of Lesson Seventeen.

3. Regular strong verbs:

hangen	(Pres. T.)	ik hang	(Past T.)	ik hing
beginnen		ik begin		ik begon
vinden		ik vind		ik vond

Exercise 1. Dictation and pronunciation practice :

1. treurig
2. voorlopig
3. luik
4. gretig
5. strak
6. leizeel (=lijzeel)
7. koukleum
8. vergroeien
9. gelukkig
10. brokstuk
11. maaiveld
12. bruisen
13. leidekker
14. kostelijk
15. leiendak
16. mogelijk
17. leuk
18. brullen
19. korstig
20. lijfspreuk

Exercise 2. Indicate which rule of those given in Lesson Sixteen accounts for the form of the Past Tense of each of the weak verbs that occur in the story of this lesson.

Exercise 3. Answer in Dutch :

1. Ging de fles dadelijk uit het magazijn ?
2. Was de fles nog op de band ?
3. Waar was de fles dan ?
4. Hoe was de kist waar de fles in was ?
5. Ging de kist in een auto ?
6. Hoe en waar gingen kar en paard ?
7. Hoeveel kisten waren er op de wagen ?
8. Waar stopte de wagen ?
9. Waar was de wijnhandel ?
10. Waar is de stoep van een huis of winkel ?
11. Waar zijn kelders ?
12. Wat was er in de kelder onder de wijnhandel ?
13. Waarom vond de fles het prettig in die kelder ?
14. Wat voor licht was er in die kelder ?
15. Wat kon men er ruiken ?
16. Wat kon men er zien ?
17. Wat stond er op de bordjes ?

18. Waar stonden de vaten ?
19. Wat was de kleur van de muren ?
20. Wanneer is men dronken ? (Use the expression : te veel)
21. Is het mooi dronken te zijn ?
22. Hoe maakte men de flessen schoon ?
23. Wat deed men met de kurken ?
24. Wat is een droogrek ?
25. Waarom doet men de flessen in een droogrek ?
26. Hoe verzegelde de koopman de flessen ?
27. Wat deed hij met het etiket ?
28. Wat stond er op het etiket ?
29. Was er ook stof in de kelder, en vond de fles dat prettig ?
30. Waarom was de fles ongeduldig ?

Exercise 4. Read Lesson Seventeen twice to yourself, then shut the book, and write down in Dutch as much as you can remember of it.

Vocabulary :

het deksel	the lid
de kraan	the tap
de kurk	the cork
het rek	the rack
de rij	the row
het vat	the barrel
———	
het etiket	the label
het bordje	the notice
het getal	the figure (number)
de datum	the date
het staafje	the stick (=small bar)
de zegellak	the sealing wax
de zegelring	the signet ring
———	
de eer	the honour
de beurt	the turn
(aan de— komen)	to have one's turn

de baard	the beard
de geur	the odour
de stoep	the strip of pavement in front of house
de winkel	the shop
———	
de buurman	the neighbour (man)
de buurvrouw	the neighbour (woman)
de buren, de buurlui	the neighbours
de voerman	the carter
de wagen	the cart
de rit	the ride
———	
buitenlands	foreign
romantisch	romantic
kwaad	angry
dronken	drunk
ongeduldig	impatient

lauw	tepid
witgekalkt	whitewashed
een poosje	a little while
net als	just like
samen	together
zwaar	heavy

hameren	to hammer
duren	to last
plakken	to stick
stoppen	to stop
spoelen	to rinse
stempelen	to press seal on wax
vullen	to fill
verzegelen	to seal, stamp
zetten	to put

NEGENTIENDE LES LESSON NINETEEN

(Vervolg)

III. *De Pic-nic*

De grote dag kwam. De wijnkoopman nam de fles mee naar boven, en verkocht hem aan een kleine jongen, die het geld op de toonbank legde. Er ging een stukje papier om, en heel voorzichtig droeg de jongen de fles naar huis.

De jongen had namelijk een oudere zuster, een knap meisje met bruine ogen ; zij had altijd een glimlach, maar een bizondere glimlach voor een jonge zeeman, die op de zeevaartschool was. De vorige week, toen hij tweede stuurman werd, vroeg hij het meisje om met hem te trouwen, en de dag, toen de fles uit de kelder kwam, was de verloving.

Er was een pic-nic. Het meisje pakte van alles in een grote mand : ham, kaas, worst, de beste boter, en lekker vers brood en koekjes. De fles ging ook in de mand, en natuurlijk ook bordjes en glazen, en messen en vorken, en zelfs servetjes, want het meisje wou een goede indruk maken.

Niet zo heel ver van waar zij woonden was een bos ; daar gingen zij heen, met een open rijtuig : vader, moeder, de twee jongelui en een paar jonge vrienden. Ze kozen een mooie open plek, en gingen daar op het gras zitten. De vader nam de fles, brak het zegel, trok de kurk uit de fles met de kurketrekker die aan zijn zakmes zat, en schonk de glazen vol. Dit was een groot ogenblik in het leven van de fles : allen hielden een glas omhoog, terwijl de vader het jonge paar gelukwenste met hun verloving. Wat een gelukkige gezichten ! Het was mooi de wijn in de glazen te zien, fonkelend in het zonlicht dat door de bladeren viel.

' Wel, jouw werk is klaar,' zei de tweede stuurman tegen de lege fles, en wierp hem over zijn schouder. Diep treurig, opeens, vloog de fles door de lucht, en kwam, wonder boven wonder, terecht in een heel klein beekje dat door het bos stroomde.

Zachtjes dobberde de fles op de kabbelende golfjes—en wachtte.

(Wordt Vervolgd)

Notes on the strong verbs used in this lesson :

1. *kiezen* =to choose. (Pres. T.) ik kies, wij kiezen. (Past T.) ik koos, wij kozen.

The rules applying to spelling and pronunciation of singular and plural forms of the Present Tense also apply to the Past Tense.

2.	(Infin.) *vliegen*	(Pres. T.) ik vlieg	(Past T.) ik vloog
	dragen	ik draag	ik droeg
	vragen	ik vraag	ik vroeg
	werpen	ik werp	ik wierp

vallen	ik val	ik viel
trekken	ik trek	ik trok
schenken	ik schenk	ik schonk

3. (Infin.) *zitten* (Pres. T.) ik zit (Past T.) ik zat, we zaten ; cf. with Lesson Seventeen, Note 5, and Lesson Eighteen, Note 2.

4. Irregular strong verbs :

verkopen	(Pres. T.) ik verkoop	(Past T.) ik verkocht
houden	ik houd	ik hield

Note also the following irregular verbs :

willen (Pres. T.) ik wil (Past T.) ik wilde, ik wou ; the plural forms of the Past Tense are usually ' wilden ', but often ' wouden ' (pronounced w u).

zeggen (Pres. T.) ik zeg (Past T.) ik zei, we zeiden (plural pronounced zɛɪjə).

Exercise 1. Dictation and pronunciation practice :

1. vrijblijvend
2. voordelig
3. bruikbaar
4. gastvrij
5. borstplaat
6. grauw (=grouw)
7. splijten
8. kouwelijk
9. keurig
10. broeikas
11. kosthuis
12. deernis
13. afschrik
14. toezwaaien
15. murmelen
16. verguld
17. muilband
18. zeepsop
19. scheikunde
20. toernooi

Exercise 2. Indicate which rule of those given in Lesson Sixteen accounts for the form of the Past Tense of each of the weak verbs that occur in the story of this lesson.

Exercise 3. Answer in Dutch :

1. Waarom was het ' een grote dag ' ?
2. Ging de vader van het meisje zelf naar de wijnhandel ?
3. Wie was de kleine jongen ?
4. Glimlachte het jongetje ?
5. Wat was de verloofde van het meisje ?
6. Hoelang was hij dat al ?
7. Was hij een oud man ?
8. Hoe zag het meisje er uit ?
9. Wie nam de fles uit de kelder ?
10. Wie deed de fles in de mand ?
11. Welke mand was dat ?
12. Waar drinkt men wijn uit ?
13. Wat ging er dus ook in de mand ?
14. Wat was er nog verder in de mand ?
15. Wat is een pic-nic ?
16. Pakte het meisje de mand goed in ?
17. Hoe gingen ze allemaal naar de pic-nic ?
18. Wie ging er zo al mee ?
19. Waar hadden ze de pic-nic ?
20. Zaten ze op stoelen ?
21. Wie schonk de wijn uit ?
22. Hoe opende de vader de fles ?
23. Wat deed men toen de vader de jongelui geluk wenste ?
24. Was het mooi weer ? (Hoe weet U dat ?)
25. Wat gebeurde er toen met de fles ?
26. Waar viel de fles ?
27. Brak hij ?
28. Beschrijf het beekje ?
29. Was de fles nog vol ?
30. Hoe gingen de mensen weer naar huis ?

Exercise 4. Give a complete description in Dutch of the picture at the head of this lesson, using words and expressions such as : links, rechts, van achter, in het midden, etc.

Exercise 5. Read Lesson Eighteen twice to yourself, then write down in Dutch as much as you can remember of the story.

Exercise 6. Write a little conversation, complete with greetings, of a visit to a wine-shop, to buy a bottle of wine costing three guilders. You know the shopkeeper, so you need not be too formal. Pay special attention to Lessons Eleven and Fifteen.

Vocabulary:

de mand	the basket
de boter	the butter
de ham	the ham
het koekje	the biscuit
de worst	the sausage
de servet	the napkin
het papier	the paper
de kurke-trekker	the corkscrew
het zakmes	the penknife
de plek	the spot
het beekje	the brook
het blad (de bladeren)	the leaf (the leaves)
het geld	the money
het oog	the eye
het gezicht	the face
de glimlach	the smile
de zuster	the sister
de jongelui	the young people
de zeeman	the sailor
de stuurman	the mate (ship's officer)
de verloving	the engagement
het rijtuig	the carriage
de indruk	the impression
de week	the week
de zeevaart-school	the school of navi-gation
bizonder	special
knap	good-looking
leeg	empty
namelijk	namely
natuurlijk	naturally
omhoog	up
voorzichtig	careful
vorig	previous
vers	fresh
dobberen	to roll, toss (on waves)
fonkelen	to sparkle
gelukwensen	to congratulate
kiezen	to choose
kabbelen	to ripple
schenken	to pour
stromen	to run, flow
trouwen	to marry
terechtkomen	to land
werpen	to throw
de vorige week	last week

TWINTIGSTE LES LESSON TWENTY

(Vervolg)

IV. *De Zeereis*

Een heel eind weg zaten twee kleine jongens aan de oever van de smalle beek. Ze waren aan het vissen. Toen ze de fles zagen, visten ze die uit het water en namen hem mee naar huis.

Hun moeder had juist een fles nodig, want de oudste broer van de jongens ging naar zee en hij moest een fles medicijn mee hebben: brandewijn met kruiden, tegen de buikpijn. Het toeval wilde natuurlijk dat deze jonge zeeman op hetzelfde schip ging als onze tweede stuurman.

De volgende Zaterdag vertrok het schip. U moet niet vergeten, dat dit vele jaren geleden was: het schip was natuurlijk een groot zeilschip, en o! wat was het mooi als het met volle zeilen door het water sneed. Alles zat goed in de verf, en het koperwerk schitterde en blonk, dat het de ogen pijn deed.

Iedereen nam afscheid, er was een lach en een traan, en zachtjes verdween het schip aan de horizon. De reis begon

voorspoedig. De wind kwam uit de goede hoek, en na enkele maanden was het schip duizenden mijlen van huis weg.

En de fles? Wel, die kon niet veel zien, want hij stond in het donkere logies. De brandewijn met kruiden was zo lekker, dat die gauw op was, buikpijn of geen buikpijn; en omdat een fles altijd nuttig is, gooide niemand hem weg.

Maar op een dag stak een vreselijke storm op, fel en onverwacht; het was een werkelijke orkaan. De zeilen scheurden, de masten braken, het roer sloeg los, en de roeiboten braken in kleine stukjes. Grote golven sloegen over het dek, en de ruimen raakten zachtjes vol water. Het einde was nabij.

Heel treurig zag de tweede stuurman toevallig de lege fles, schreef een kort briefje aan zijn verloofde, een afscheidsgroet, en gooide de fles overboord. Weinige ogenblikken later kapseisde het schip en zonk met man en muis.

Weer dobberde de fles op het water, maar nu op de schuimende golven. Heen en weer dreef hij, met weer en wind, met stroom en getij. Vurig hoopte de fles dat iemand hem zou vinden.

Hij wachtte.

(Slot Volgt)

Notes on the strong verbs used in this lesson:

1. *snijden*, *verdwijnen*, *schrijven*, *drijven* } cf. Lesson Seventeen, Note 1, and Lesson Eighteen, Note 1.

2. *opsteken* (Pres. T.) ik steek op (Past T.) ik stak op
cf. Lesson Seventeen, Note 5.

3. *vertrekken* (Pres. T.) ik vertrek (Past T.) ik vertrok
blinken ik blink ik blonk
zinken ik zink ik zonk

4. Irregular strong verb :
slaan (Pres. T.) ik sla (Past T.) ik sloeg

5. Irregular auxiliary verb :
moeten (Pres. T.) ik moet (Past T.) ik moest
Note that the -s- only occurs in the Past Tense.

Exercise 1. Dictation and pronunciation exercise :

1. belofte
2. lawaai
3. zeegier
4. ouwelijk
5. stoppelig
6. gordijn
7. stakker
8. zeewier
9. gareel
10. kieuwdeksel
11. aaien
12. hoorbuis
13. zijdeur
14. toestond
15. knoeien
16. toestand
17. azuur
18. geeuwen
19. kuchen
20. hooibroei

Exercise 2. Indicate which rule of those given in Lesson Sixteen accounts for the form of the Past Tense of each of the weak verbs that occur in the story of this lesson.

Exercise 3. Answer in Dutch :

1. Wie was er aan het vissen ?
2. Waar waren ze aan het vissen ?
3. Waar was die beek ?

4. Hoe kwam die fles in het water ?
5. Was het een volle fles ?
6. Een van de jongens had een broer ; wat was hij ?
7. Wat had zijn moeder nodig, en waarom ?
8. Op welke dag van de week vertrok het schip ?
9. Wat voor schip was het ?
10. Hoe zag het schip er uit ?
11. Wie poetst het koper ?
12. Wat is het logies ?
13. Hoe was het afscheid ? Waaron lachte men, en waarom huilde men ? (Use the word ' gevaarlijk '.)
14. Wat gebeurde er met de fles aan boord ? Wanneer vond de stuurman de fles en wat deed hij ermee ?
15. Wat gebeurde er toen met de fles ?

Exercise 4. Beschrijf de reis van het schip van het vertrek tot de schipbreuk.

Vocabulary :

Maandag	Monday
Dinsdag	Tuesday
Woensdag	Wednesday
Donderdag	Thursday
Vrijdag	Friday
Zaterdag	Saturday
Zondag	Sunday
het toeval	chance
de groet	the greeting
de lach	the laugh(ter)
de brief	the letter
het afscheid	the parting
de traan	the tear
de verloofde	the fiancé(e)
het dek	the deck
de mast	the mast
het zeil	the sail
het roer	the rudder
het koperwerk	the brasswork
het logies	the foc's'le
de roeiboot	the rowing boat
de horizon	the horizon
de oever	the bank
het getij	the tide
de stroom	the current
de hoek	the corner
de mijl	the mile
de orkaan	the hurricane
het schuim	the foam
de brandewijn	the brandy
de pijn	the pain
de buikpijn	the stomach-ache
het kruid	the herb
de medicijn	the medicine
dezelfde	the same
hetzelfde	the same
fel	violent
los	loose
smal	narrow
geleden	past
nabij	near
toevallig	by chance

onverwacht	unexpected
overboord	overboard
voorspoedig	prosperous
werkelijk	real, veritable
nuttig	useful

———

kapseizen	to capsize
opsteken	to rise (of storm)
nodig hebben	to need
raken	to get
weggooien	to throw away
blinken	to gleam, shine
schitteren	to sparkle, shine
poetsen	to polish
scheuren	to tear
schrijven	to write
afscheid nemen	to take leave
lachen	to laugh
vissen	to fish
verdwijnen	to disappear

———

Goed in de verf zitten	to be well painted
Met man en muis vergaan	to go down with all hands

Translate *zou* (at end of reading matter p. 106) by *would*.

V. *De Vogelkooi*

En jawel, op een dag wierp de zee hem op een vreemde kust. Het was een mooi, zacht strand, en de fles brak niet. Weldra kwam een man voorbij ; hij vond de fles, zag dat er een briefje in was en nam hem mee naar huis. Hij opende de fles, maar, helaas, hij kon de taal van de brief niet verstaan. Hij liet de brief aan veel mensen zien, maar het hielp niet.

Toen had de fles een treurig leven. Jarenlang stond hij op de schoorsteenmantel van het kantoor van de vinder ; toen gooide men het briefje weg. Jarenlang stond hij weer in een rommelkast, daarna in een kelder. En het was twintig jaar voor de fles weer uit dat huis kwam, twintig lange jaren.

Nu gebeurde er opeens heel wat met de fles. Op den duur kwam hij op het kantoor van een graankoopman. Deze vulde de fles met koren, en zond hem, als monster zonder waarde, naar een vreemd land, en toen de fles in dat ' vreemde ' land aankwam, was het zijn eigen land, en hoorde hij zijn eigen taal weer spreken.

Weer gebeurde er heel wat, en de jaren gingen voorbij. Onze fles was sterk, en hij kon wel tegen een stootje. Op een dag, toen er een groot openluchtfeest was, nam men hem weer uit de zolder waar hij stond, stak er een kaars in, en zette hem naast andere flessen in een lange rij. Er kwamen veel mensen voorbij, ook een oude juffrouw, en ze keek naar hem. Zij herkenden elkaar niet, dat gaat zo in het leven ; zij was het meisje van de pic-nic en hij de wijnfles. Maar ze was nog steeds ongetrouwd, en leefde nog altijd met haar gedachten in het verleden.

Toen kwam een tuinman, en maakte hem schoon. Net als vroeger ging er weer wijn in, maar nu gaf de Directie van het feest hem aan de piloot van een luchtballon. Hij ging mee de lucht in ; de piloot en de passagiers dronken elk een groot glas, en met een hoeratje wierpen ze de fles uit het schuitje. Hij viel neer op het dak van een huisje in een arme buurt. De scherven rolden over de straatstenen. Maar de hals van de fles brak mooi rond af, en onze oude juffrouw, die daar woonde, raapte hem op, en zette hem, ondersteboven, met een kurk in, in haar vogelkooi, als drinkbakje.

En ze wist niet, dat het de hals van *die* fles was.

EINDE

Notes on the strong verbs used in this lesson :

1. Regular strong verbs :

(Infin.)		(Pres. T.)	(Past T.)
	laten	ik laat	ik liet
	helpen	ik help	ik hielp
	vallen	ik val	ik viel
	vinden	ik vind	ik vond
	drinken	ik drink	ik dronk
	zenden	ik zend	ik zond

2. *steken* / *geven* } cf. Lesson Seventeen, Note 5. ik stak, ik gaf.

3. Irregular strong verbs :

(Infin.)		(Pres. T.)	(Past T.)
	weten	ik weet	ik wist
	verstaan	ik versta	ik verstond

Special Vocabulary. (cf. Exercise 2) :

de pen	the pen
de inkt	the ink
de inktpot	the inkwell
het potlood	the pencil
de lessenaar	the desk
de scheurmand	the waste-paper basket
de copiëer-pers	the copying press
de kat	the cat
het tapijt	the carpet
de haard	the hearth
de schoorsteen-mantel	the mantelpiece
de kolen	the coal
de kolenbak	the coal-scuttle
de poker	the poker
de tang	the tongs
het klokje	the clock
de kalender	the calendar
de barometer	the barometer
de thermometer	the thermometer
de hoed	the hat
de hoge hoed	the top hat
de jas	the coat
de paraplu	the umbrella
de schrijf-machine	the typewriter
de dictafoon	the dictaphone
de telefoon	the telephone
de reken-machine	the calculating machine

Exercise 1. Dictation and pronunciation practice :

1. verhaaltrant
2. onderwijzer
3. bescherming
4. gulhartig
5. stelselmatig
6. arbeidsbeurs

7. kregelig
8. humeur
9. verhevenheid
10. ontoereikend
11. zieltogen
12. beminnelijk
13. vrijzinnig
14. uitbijten
15. berusten
16. regelmatig
17. onafhankelijk
18. toeschouwer
19. toestemmen
20. nieuwbakken

Exercise 2. Indicate which rule of those given in Lesson Sixteen accounts for the form of the Past Tense of each of the weak verbs that occur in the story of this lesson.

Exercise 3. Answer in Dutch :

1. Wat gebeurde er met de fles na de schipbreuk ?
2. Op welke kust wierp de zee de fles ?
3. Bleef de fles daar lang liggen ?
4. Las de man het briefje ?
5. Wat deed hij toen ?
6. Hielp dat—en waarom niet ?
7. Hoe lang bleef de fles op dat kantoor ?
8. Wat gebeurde er toen ?
9. Waar zette de vinder de fles eerst ?
10. Bleef de fles daar de hele tijd ?
11. Wat deed de graankoopman ermee ?
12. In welk land kwam ' het monster ' ?
13. Hoe wist de fles waar hij was ?
14. Wat gebeurde er op het feest, en wie zag de fles daar ?
15. Was de volgende reis van de fles weer een zeereis ?
16. Ging er weer medicijn in de fles ?
17. Wat deed de piloot met de fles ?
18. Was dat niet gevaarlijk ?
19. Wat zijn scherven ?
20. Waar viel de fles, en waar rolden de scherven ?
21. Wie raapte de hals van de fles op ?
22. Waarvoor werd die gebruikt ?

23. Welke vogel was er in de kooi ?
24. Herkende de vrouw de fles ?
25. Was de vrouw getrouwd ?

Exercise 4. Describe the picture of the old-fashioned office given at the head of this lesson. Indicate why the office is old-fashioned, bringing in the names of objects belonging to modern offices. Make full use of the dictation and the Special Vocabulary given at the beginning of Lesson Sixteen.

Exercise 5. The whole story given in Lessons Seventeen to Twenty-one is old-fashioned. Write something about this, showing the contrast between the old and the modern ships, the horse and cart and the lorry, the balloon and the aeroplane. Introduce the following words :

de kracht	the force, power
bewegen	to move
de wind	the wind
de kolen	the coal
de olie	the oil
de benzine	petrol
het stoomschip	the steamship
het motorschip	the motor ship
de lorrie	the van, lorry
het vliegtuig	the aeroplane

Vocabulary :

het monster	the sample
het graan	the grain (wheat)
het koren	the corn (wheat)
het kantoor	the office
de directie	the managers
de luchtballon	the balloon
de piloot	the pilot
het schuitje	the basket (of balloon)
de stoot	the knock
de scherf	the (glass) splinter
de hals	the neck
de kaars	the candle
de kooi	the cage
het drinkbakje	the drinking-bowl
de kelder	the cellar
de zolder	the loft
de schoorsteenmantel	the mantelpiece
de kaars	the candle

het verleden	the past	weldra	soon
de gedachte	the thought	eigen	own
de taal	the language	elkaar	each other
de tuinman	the gardener	helaas	alas
de vinder	the finder	hoera	hurrah
de rommel	the junk, rubbish	ja	yes
de rommelkast	the boxroom, lumber room	jawel	yes, certainly
		ondersteboven	upside down
de steen	the stone	heel wat	a good deal
		ongetrouwd	unmarried
Het kan wel tegen een stootje	It can stand a great deal of rough wear		
		oprapen	to pick up
		schoonmaken	to clean
op den duur	in the long run	verstaan	to understand

Twee-en-twintigste Les — Lesson Twenty-two

Dictation (for purposes of checking only) :

Hoe zou het anders dan dat een zoon uit zulk een geslacht van jongs af aan leeft voor schepen en water ? Hij heeft allicht, om een hoek van de vaderlijke deur, een vierkant Oost-Indisch kapitein met snorren en bakkebaarden in de zware damp der lange gouwenaars zien zitten en horen praten en op een mooie Zondagmorgen zijn schip gezien aan de ka, of een groen en roze papegaai, die uit de West meekwam toverde hem thuis de wijde wereld voor en hij zag, op een kijkje in Buiksloot, dwars door de ribben van een slooppartij, de blauwe en groene Hollandse verten, en het water, en wat er op voer. En er woei hem iets in zijn oren van de heftige debatten over stoom- en zeilvermogen en verderfelijke nieuwlichterij. Men kan er zijn zaligheid onder verwedden, dat hij op zijn veertiende jaar evenveel van een jolletje met een zeil wist, als het huidige geslacht op die leeftijd van een radio-toestel, en dat is veel.

Grammar :

The Present Perfect (or *Past Indefinite*) *:*

The Present Perfect is formed by taking the Past Participle of the main verb, preceded by a form of the Present Tense of *zijn* or *hebben*.

In English the formation of the Present Perfect is similar, but the only auxiliary used is *to be*.

To use the Perfect Tense we must know how to form the Past Participle (N.B.—In English the Past Participle of *to walk* is *walked*, of *to see* is *seen*) of both weak and strong verbs.

Past Participles of weak verbs:

(1) Take the root of the verb (same rules apply as for the Past Tense; cf. Lesson Sixteen).

(2) Prefix -ge. If the verb has a separable prefix of its own, put -ge- between prefix and root. If the verb has an inseparable prefix, leave -ge out altogether.

(3) Suffix either -d or -t (same rules apply as for addition of -de or -te in Past Tense; cf. Lesson Sixteen). If root ends in -d, no second d is added; if root ends in -t, no second t is added, so that there is no syllable ending in a double consonant.

N.B.—Not all Past Participles are regular.

Infinitive	*Past Tense*	*Past Participle*	
wandelen	wandelde	gewandeld	to walk
rukken	rukte	gerukt	to wrench
leven	leefde	geleefd	to live
praten	praatte	gepraat	to talk
aanrukken (sep.)	rukte aan	aangerukt	to march up
overleven (insep.)	overleefde	overleefd	to survive

Past Participles of strong verbs:

(1) The root vowel may or may not be changed; it must be learned in the same way as that of the Past Tense.

(2) Prefix -ge. Same rules as for weak verbs.

(3) Suffix -en, as in the Infinitive.

Infinitive	*Past Tense*	*Past Participle*	
lopen	ik liep	gelopen	to walk
rijden	ik reed	gereden	to ride
opkijken	ik keek op	opgekeken	to look up
bekijken	ik bekeek	bekeken	to look at

The next lesson will show the correct use of the auxiliaries to the Present Perfect. This tense is therefore not yet to be used in this lesson.

Exercise 1. Translate into Dutch :

1. The glasses are on the table in the dining room.
2. Two days later we moved.
3. The sailors went to the ships.
4. Both his journeys were very pleasant. (Translate : His both journeys . . .)
5. The children had eggs for breakfast.
6. The carpenters make roofs for the new houses.
7. The waves beat on the coast. (Translate both into Present Tense and into Past Tense.)
8. There are no merchants on board these ships.
9. There are two blacksmiths in that small village.
10. The merchants put (Past Tense) their bales and boxes under the glass roofs.

Exercise 2. Translate into Dutch :

1. There was a letter in the bottle that stood on the mantelpiece.
2. The letter was in a foreign language and the finder could not read it.
3. After a few years they threw it away.
4. The sailor wrote the letter with a pencil.
5. The bottle in which the corn chandler put the sample was the bottle which the sailor threw overboard.
6. The man who found the bottle on the beach, walked to his office, took the cork out of the bottle and tried to read the letter.
7. He gave it to his friends, but they could *not* read it *either* (ook niet).
8. He put (doen) it in his pocket and went home.
9. The seagulls flew over the waves and looked at the object which floated towards the shore.
10. The letter which the sailor wrote did not help, for the people did not understand what it said.

Exercise 3. Give the Past Tense (all persons) of the following verbs :

1. aankomen
2. verkopen
3. opschrijven
4. wegvliegen
5. vertrekken

DRIE-EN-TWINTIGSTE LES — LESSON TWENTY-THREE

Dictation (for purposes of checking only) :

Er zijn vier hellingen. Zij zijn van gewapend beton en zeer goed onderheid, want de werfterreinen zijn geheel gelegen op grond, die op het Y gewonnen is. Het spreekt bijna vanzelf, dat gewapend beton op deze slappe bodem de aangewezen grondstof was, die nog tegelijk het grote voordeel meebracht van bevordering der nauwkeurigheid bij het bouwen ; immers voor het nauwkeurig aanhouden van de reeds meer genoemde merken is het een eerste voorwaarde dat een hechte grondslag de onveranderlijkheid tijdens de opbouw waarborgt, wat het best door betonnen hellingen te bereiken is.

Grammar :

The Present Perfect (continued) :

Use of auxiliaries :

(1) Take *hebben* : verbs indicating an action or a state (except the verb *blijven*, which takes *zijn*), as e.g. : drinken (to drink), werken (to work), vechten (to fight).

Hij heeft gedronken, gewerkt, gevochten.

(2) Take *zijn* : verbs indicating a change from one state to another (a real change of place or condition), as e.g. : sterven (to die), vallen (to fall), aankomen (to arrive), verhuizen (to move house).

Hij is gestorven, gevallen, aangekomen, verhuisd.

(3) The Intransitive Verbs of Motion (verbs of coming and going), such as lopen, rijden, varen, sporen, take either *hebben* or *zijn*.

(*a*) take *hebben* : when used to indicate the type of motion.

Hij heeft dat hele eind gelopen, niet gereden.
(He has walked the whole distance, he did not ride.)
Hij heeft niet gespoord, maar gefietst.
(He did not go by train, but by bicycle.)

(*b*) take *zijn* : when the terminal point is stressed.

Hij is van hier naar Arnhem gelopen.
(He walked from here to Arnhem.)
Hij is naar Vlissingen gezeild.
(He sailed right down to Flushing.)

Exercise 1. Translate into Dutch :

1. The wooden chairs stood on the stone pavement in front of the iron gate.
2. The roofs consisted of steel girders and glass.
3. The new-laid (=fresh) eggs were in earthenware dishes on the long table.
4. The iron mantelpiece was old-fashioned but not very fine.
5. Large wooden beams floated between the ships in the harbour.
6. The little boy wore a paper hat.
7. The cotton materials were not very expensive.
8. She had to polish a number of brass objects that stood round the hearth.
9. There were two glass fruit-dishes and one stone jug.
10. The steel pens were much better.

Exercise 2. Translate into Dutch :

It was market day in the small town. The peasants were coming to town to do business, and the women all went to the market square to do their shopping. The best shops were in or near the market square, and the square itself was covered with stalls. The people walked between the stalls and looked left and right at the piles of goods on the counters.

Our train arrived at half-past eleven and we went straight from the train to the market to see all the people in their curious old-fashioned clothes. Most of them were standing round the stalls. They were buying all sorts of things and filled the large baskets which they carried.

The market square was very pretty. Behind and above the people one could see* the fronts of the houses, the coloured windows and the red roofs. High above them stood the tower, dark against white clouds in a blue sky.

The sun shone on the white roofs of the stalls, and there were the smells of groceries and new linen in the air.

In one large café one could hear* music and many of the visitors went there. Everything there was arranged in a pleasant way. There were small tables and chairs in front of the café and people were sitting in the open air with cups of coffee.

We had our meal there. Then we once more walked round the market, looked at the old town hall, at the shops, at one or two streets near the market, and went back to the station.

(* The Infinitive goes to the end of the sentence.)

Exercise 3. Give the full Past Tense of the following verbs :

1. zich wassen (weak vb.)
2. zich snijden
3. zich aankleden (weak vb.)
4. zich vervelen (weak vb.)
5. zich helpen

Grammar:

The Future Tense and the Conditional:

Note that English uses both *shall* and *will* in forming the Future Tense. Dutch only uses *zullen*. The verb *willen* studied in Lesson Twelve never has Future Tense meaning.

zullen:	ik zal	I shall
	je zult (zal)	you will
	hij zal	he will
	wij zullen	we shall
	jullie zullen (zult, zal)	you will
	zij zullen	they will
	U zult, U zal	you will

There is no change in this auxiliary verb when used in the interrogative form, except the usual loss of -t in the second person singular:

zal ik? zul je? zal hij?
zullen wij? zullen jullie? zullen zij?

Note that the Infinitive of the main verb accompanying *zullen* goes to the end of the sentence. This is the same principle as the one that sends the Past Participle to the end of the sentence in the Present Perfect Tense construction.

Ik zal vanavond wel naar het station *gaan*.
(I think I shall go to the station to-night.)

The Past Tense of *zullen* is :

ik zou	wij zouden	I should *or* would,
je zou	jullie zouden	you would,
hij zou	zij zouden	he would, etc.

(The -d- in the plural is usually pronounced -w-.)

This Past Tense is used to form the Conditional, in the same way as the Present Tense is used to form the Future.

The Conditional expresses an uncertain or hypothetical future (depending on a condition usually introduced by : If . . .)

ik zou . . . gaan = I would go
wat zou . . . gebeuren = what would happen

There are a number of examples of this form in the Nature Passage in Lesson Twenty-five.

Translate the following sentences into English and study the new words with the help of the vocabulary at the end of this book :

1. Kunt U me de weg naar het station wijzen, meneer ?
2. Heb je genoeg geld om nog een paar sigaren voor me te kopen ?
3. Mag ik je wat tabak voor je pijp aanbieden ?
4. Moest je niet naar die tabakswinkel gaan om nog wat sigaretten te kopen ?
5. Heb je geen lucifers meer ? Neem er een paar van mij en stop die in dat lege doosje.
6. Rol je je eigen sigaretten ?
7. Ik stop liever nog een pijp.
8. Laten we nog even een sigaretje opsteken.
9. Pas op ! Gooi dat asbakje niet om, anders valt al die as op het tapijt.
10. Mag ik U een sigaar aanbieden, of rookt U liever Uw pijp ?

Further useful Travel Vocabulary :

Trains :

de spoorweg	the railway
de trein	the train
de locomotief	the engine
het rijtuig	the carriage
het compartiment	the compartment
het portier	the carriage door
het raampje	the window
het bagagenet	the luggage rack
het spoor	the track, the platform
het perron	the platform
de wachtkamer	the waiting room
het buffet	the buffet
het loket	the booking office

Trams :

de tram	the tram
de electrische tram	the electric tram
de stoomtram	the steam tram, or local train run as a tram
de motorwagen	the motor-driven tram
de aanhangwagen	the trailer

Ships :

de loopplank	the gangway
het dek	the deck
de brug	the bridge
de hut	the cabin
de bagagekamer	the luggage store

People :

de conducteur	the conductor
de controleur	the ticket inspector
de kruier, de witkiel	the porter
de stationschef	the stationmaster
de douanier, de ambtenaar van de douane	the customs officer

Various :

de douane	the customs office
het reisbureau	the travel agency
eerste klasse (klas)	first class
tweede klasse (klas)	second class
derde klasse (klas)	third class
het paspoort	the passport
het visum	the visa
het kaartje	the ticket
de reisbiljetten	the tickets
het retourbiljet (het retourtje)	the return ticket
de reiziger	the traveller
de passagier	the passenger
het koffertje	the bag, attaché case

---

uitstappen	to get out
instappen	to get in
overstappen	to change
kaartjes knippen	to clip tickets
paspoorten afstempelen	to stamp passports
bagage controleren	to search luggage
declareren	to declare

Translate into Dutch :

My brother Peter went to my cousin John at Zwolle. We live in London (=Londen), so that the best journey is via Rotterdam. Peter and I went to a travel agency and bought

Peter's ticket, a 17 days' return to Zwolle. We also went to a bank and bought some Dutch money. In the early evening we went to Victoria Station. The train left the platform at half-past six. Peter was lucky, he got a corner seat, and there was room in the luggage rack for his bags. After an hour's travel, Peter arrived at Gravesend ; he went on board, found his cabin and put his luggage on his bunk. Peter had sandwiches ; he did not want to eat in the hot dining room. He asked a sailor for a deck-chair, and looked at the English coast, and at the lights as the ship went into the night. The crossing was fine ; the moon shone on the waves and the ship hardly rocked. Peter slept very well ; he ate a hearty breakfast and was ready when the boat arrived near the flat Dutch coast. At half-past eight the passengers passed through the customs. Peter had nothing to declare. He went quickly to Rotterdam and there changed for Utrecht. At (in) Utrecht he changed for Zwolle and arrived there soon after half-past twelve.

Write a free composition about a journey by boat.

Vijf-en-twintigste Les — Lesson Twenty-five

A vocabulary of nature words will be found at the end of this lesson. In translating the following passage, terms not given in the vocabulary at the end of the book will be found given at the end of this lesson.

Er Verdwijnt veel Schoons

(Naar een artikel uit *De Nieuwe Rotterdamsche Courant* Februari 193?)

Midden in het dorp, omgeven door een park met bruine beuken, rijzende populieren en naaldbomen, met breed-gekruinde eiken en platanen, staat een hoog, wit landhuis, monumentaal.

Soms, als de zon er op schijnt, lijkt het een vorstelijke woning, statig en in deftige rust ; soms als de clematis om de serres bloeit of als de witte muren wegschemeren in schaduwen van de avond, lijkt het een sprookjeshuis, een droom en een idylle.

Een brede laan van beuken leidt naar het huis. Er omheen slingeren zich geheimzinnige paden naar een vijver, die in donkere glans ligt bij de altijd groene rhododendrons, naar verborgen rotstuinen met resten van exotische planten, naar bloembedden en terrassen, vanwaar het uitzicht reikt door lanen heen tot een blauwe lichtende horizon.

Het huis is niet bewoond, de blinden zijn dicht-gesloten ogen. Het staat er alles zwijgend en dromend in zijn verlatenheid. Alleen de vogels, de dikke bosduiven en de gaaien, brengen er beweging en leven. Om het park heen lopen de wegen van het dorp. De mensen, die er gaan, worden ook stil, omdat altijd aan hun zijde het geheimzinnige park en verlaten huis is.

. . . . . .

Vroeger, toen het huis bewoond werd, was dit anders. Autos reden er af en aan. In het park was er een vrolijk leven, de bewoners ontvingen bezoekers en logees, de kinderen speelden er met opgetuigde bokkenwagens, tuinlieden verzorgden de tuinen, borders bloeiden er rijk, orangerieën vertoonden palmen en exotische bloemen. En de ingezetenen van het dorp vaarden wel bij deze rijke bewoning.

Dit is al lang voorbij. Roerloos in hun pracht staan de naaldbomen, wilde duiven bevolken de nog kale boomkruinen en leggen door hun dof gefladder de nadruk op de verlatenheid. Het mos der paden is als groen fluweel. Als restanten uit de goede, rijke tijd komen hier en daar nog crocussen en sneeuwklokjes te voorschijn, bloeien er de toverhazelaar, en de uiteengewaaide winterjasmijn.

Het huis droomt ongestoord verder, zwijgend in de bleke schemer van zijn witte muren. Zijn verlatenheid rust als een drukkend geheim op het dorp.

. . . . . .

Nu is ook dit voorbij. Een glanzend-gelakte auto reed de laan in, heren stapten er uit en wandelden deftig over de geluidloze, met mos begroeide paden van het park. De mensen uit het dorp schoolden tezamen bij het hek.

Wat zou er gebeuren met het grote, witte huis? Zou het weer bewoond worden? Zouden het rijke vreemdelingen zijn, die deze sprookjeswereld konden kopen, met villa en terrassen, met vijver en prieeltjes, met varens en cypressen en met het uitzicht tot het Zuiden?

Zouden de blinden van het huis opengeworpen worden en de paden geharkt en zou er weer rijk en vrolijk leven komen met autos en paarden en honden?

Men hoopte het. Want de geheimzinnigheid en de stilte zouden wijken uit het midden van het dorp. De slager en de kruidenier, de bakker en de melkboer, de barbier en de brievenbesteller, zij zouden allen weer door de statige laan mogen gaan en het landhuis opnieuw verbinden met het dorp.

Er zou geld komen in het laatje. In het laatje van de slager en de kruidenier en de bakker. En in het laatje van de gemeente.

Men sprak dagen lang in het dorp over het bezoek. ' Het is verkocht ', werd gefluisterd.

' Aan een schatrijke heer ', wist een ander.

' Voor meer dan honderd duizend gulden ', verzekerde eentje, die het weten kon. Het hele dorp verheugde zich, het riep het elkander toe op de weg.

' Zou het wel zeker zijn ? ' vroeg een twijfelaar. Zeker ? Zeker ? Ja, wie wist het eigenlijk zeker ! ' 't Heeft in de krant gestaan ', zei de bovenmeester. ' Ja, in de krant ', gromde de twijfelaar wantrouwend.

. . . . .

Ja, het is verkocht. Mannen planten rood-witte paaltjes kris-kras door het park, en lopen dwars door lanen en paden. Op de terrassen en in de bloembedden, overal, slaan ze die palen als onheilspellende bakens. De schoonste beuken worden gemerkt voor de bijl, menie-rode kruisen op de naaldbomen en popels zijn als aangeplakte doodvonnissen ; op het witte droomhuis is een plakkaat aangeslagen : ' Voor afbraak te koop.' En tussen de eerste crocussen, waarvan de meeste reeds vertrapt zijn, staat brutaal een kleurig bord met een plan in zwarte lijnen en de woorden ' Bouwterreinen te koop '.

Er zal weer een goede tijd komen voor kruidenier en bakker, voor slager en melkboer. Het dorp leeft op en verheugt zich. Maar uit zijn midden zal iets heel schoons voor altijd verdwijnen, iets dat met het wezen van het dorp was samengegroeid : het sprookje, de droom, de idylle. Een schoonheid, die méér is dan geld.

Special Vocabulary :

Lists of Nature Vocabulary :

het dier — any living creature

Birds (de vogel, vogels) :

de vogel — the bird
de vleugel — the wing
de bek — the beak

---

de kip — the chicken
de haan — the cock
de hen — the hen
het kuiken — the chick

---

de mus — the sparrow
de lijster — the thrush
de duif — the pigeon
de bosduif — the wood pigeon
de zwaluw — the swallow
de mees — the tit
de koolmees — the great tit
de kievit — the peewit
de patrijs — the partridge
de fazant — the pheasant
de pauw — the peacock
de zwaan — the swan
de eend — the duck
de gans — the goose
de kalkoen — the turkey
de roodborst — the robin
de leeuwerik — the lark
de vink — the finch
de ooievaar — the stork
de spreeuw — the starling
de kanarie — the canary
de struisvogel — the ostrich
de nachtegaal — the nightingale
de havik — the hawk
de adelaar, de arend — the eagle
de ekster — the magpie
de kraai — the crow
de merel — the blackbird
de gaai — the jay

Animals (het dier, dieren) :

het paard — the horse
het veulen — the colt
de ezel — the ass, donkey
de koe — the cow
het kalf — the calf
de os — the ox
het schaap — the sheep
de leeuw — the lion
de tijger — the tiger
de hond — the dog
de kat — the cat
de olifant — the elephant
de muis — the mouse
de wolf — the wolf
het varken — the pig
het hert — the stag
het konijn — the rabbit
de haas — the hare
het kameel — the camel
de dromedaris — the dromedary
de rat — the rat
de vos — the fox
de aap — the ape, monkey
de orang-oetang — the orang-utan
de champanzé — the chimpanzee
de baviaan — the baboon
de beer — the bear

---

de vleermuis — the bat
de walvis — the whale
de zeehond — the seal

Fish (de vis) :

de haring — the herring
de tong — the sole
de schol — the plaice
de tarbot — the turbot
de heilbot — the halibut
de kabeljouw — the cod
de paling, de aal — the eel
de rog — the skate
de snoek — the pike
de forel — the trout
de karper — the carp
de haai — the shark

Trees (de boom, bomen) :

de eik	the oak
de beuk	the beech
de iep, de olm	the elm
de den	the fir
de spar	the pine
de naaldbomen	the conifers
de wilg	the willow
de treurwilg	the weeping willow
de knotwilg	the pollard
de populier, de popel	the poplar
de es	the ash
de berk	the birch
de linde	the limetree
de plataan	the plane tree
de hagedoorn	the hawthorn
de kastanje	the chestnut
de palm (boom)	the palm (tree)

---

de stam	the stem
de schors, de bast	the bark
de tak	the branch, bough
de twijg	the twig
de kruin	the crown

Insects (het insect, insecten) :

de vlieg	the fly
de mug	the gnat
de muskiet	the mosquito
de bij	the bee
de wesp	the wasp
de vlinder	the butterfly
de rups	the caterpillar
de spin	the spider
de krekel	the cricket
de sprinkhaan	the grasshopper
de vlo	the flea
de luis	the louse
de mier	the ant
de hooiwagen	the daddy-long-legs
de bladluis	the greenfly

Flowers and Plants (de bloem, bloemen ; de plant, planten) :

het madeliefje	the daisy
de paardebloem	the dandelion
de boterbloem	the buttercup
de grote margeriet	the marguerite
de roos	the rose
de lelie	the lily
het viooltje	the violet, pansy
de anjelier	the pink, carnation
de narcis	the narcissus
het sneeuwklokje	the snowdrop
de tulp	the tulip
de hyacint	the hyacinth
de crocus	the crocus
de bloembol	the bulb
de geranium	the geranium
de fuchsia	the fuchsia
de hortensia	the hydrangea
de clematis	the clematis
de rhododendron	the rhododendron
het vergeetmenietje	the forget-me-not
de sering	the lilac
de goudsbloem	the marigold
de zonnebloem	the sunflower
de hulst	the holly
het mos	the moss
het gras	the grass
het riet	the reed, rush
de varen	the fern
de papaver, klaproos	the poppy
de korenbloem	the cornflower

---

het koren	the corn
het graan	the grain, corn
de tarwe	the wheat
de rogge	the rye
de maïs	the maize
de boekweit	the buckwheat
de gerst	the barley
de erwt (ɛrt)	the pea
de boon	the bean

Various :

de mossel	the mussel
de oester	the oyster
de kreukel	the winkle
de krab	the crab
de kreeft	the lobster
de worm	the worm
de slang	the snake
de schildpad	the tortoise
de kikvors, de kikker	the frog
de pad	the toad
de berg	the mountain
de heuvel	the hill
het pad (de paden)	the path
de hei, de heide	the heath
de wei, de weide	the meadow
de boerderij, de boerenhoeve, de hofstee	the farm
de heg, de haag	the hedge
de weg	the way, road
de laan	the avenue
het hek	the gate
de vijver	the pond

ZES-EN-TWINTIGSTE LES — LESSON TWENTY-SIX

The following article, given for translation, reading, discussion and vocabulary study has been taken from the Dutch newspaper *De Nieuwe Rotterdamsche Courant* of 31.10.38. The spelling has been modernized.

LISTIGE INBRAAK IN EEN AMSTERDAMS WISSELKANTOOR

EEN GESTOLEN BRANDKAST VERVANGEN DOOR EEN GROEN GEVERFDE THEEKIST

Een aanzienlijk aantal gangbare en antieke munten buitgemaakt

In de nacht van Zaterdag op Zondag is in het kantoorgebouw van de Noord-Hollandse bank, een wisselkantoor aan het Damrak te Amsterdam ingebroken. De buit bestaat uit een aanzienlijke hoeveelheid gouden en zilveren munten en antieke geldstukken.

De ontdekking

Zondagochtend tegen half tien ging de directeur van het wisselkantoor de heer Rechter, in gezelschap van vrouw en kinderen naar het station. Hij wilde voor een familiebezoek per trein naar Rotterdam gaan. Voor hij naar het station ging, wilde hij nog een kort bezoek aan zijn zaak brengen. Vrouw en kinderen wachtten buiten. Een ogenblik later kwam de heer Rechter opgewonden buiten.

Inbrekers hadden zijn kantoor bezocht, de brandkast was opengebroken, de inhoud, een groot bedrag aan gangbare zilveren en gouden binnen- en buitenlandse geldstukken en bovendien een kostbare verzameling antieke gouden en zilveren munten ter waarde van plus minus f.1200 bleken verdwenen te zijn.

Onmiddellijk spoedde de heer Rechter zich naar het bureau Warmoesstraat waaronder het Damrak ressorteert. En even later was het gehele politie-apparaat in werking.

De inspecteur, C. J. de Vries Humol, en rechercheur A. van Broekhoven stelden het eerste onderzoek in. Later is ook de waarnemende commissaris van de sectie, commissaris M. O. F. van der Heul, ter plaatse geweest.

Hoe het gebeurde

Het wisselkantoor heeft voor, aan de Damrakzijde, twee etalages, gescheiden door een deur, waardoor het publiek toegang heeft tot de hal, waar zich de loketten bevinden. Overdag worden in de etalages vreemde bankbiljetten, munten, enz. uitgestald, en op borden worden de wisselkoersen aangegeven. Het pand heeft echter nog een voordeur, n.l. naast de linker-etalage. Deze deur geeft toegang tot een lange gang, die in de gehele lengte langs de kantoorlokalen loopt. Aan het einde van die gang is ook een trapje van enkele treden naar de kelders onder het gebouw. De kelders waren afgesloten door een deur met een heel eenvoudig hangslot, dat zelfs zonder inbrekers-werktuigen wel kon worden geforceerd. De dieven nu—men neemt aan, dat de inbraak niet het werk van één man kan zijn geweest—zijn de tweede deur aan de straat binnengelopen. Deze deur is hoogstwaarschijnlijk niet op slot geweest. De kelderdeur was in een wip geforceerd. De kelders strekken zich onder het gehele gebouw uit, de hoogte bedraagt niet meer dan 1.60 meter, zodat een volwassen man er niet rechtop in kan staan.

In de kelder begon voor de inbrekers het eigenlijke ‘ werk ’. Zij hebben uit de kelderzolder, die de vloer van de kantoorlokalen vormt, een keurig vierkant stuk gezaagd. Zo kwamen zij in het kantoorlokaal dat vlak achter de loketten is gelegen. Zij hadden het gat vlak voor de kachel gezaagd, zodat de asla naar bebeden in de kelder terecht kwam. Dit was voor de nachtelijke bezoekers echter geen bezwaar. Zonder veel moeite waren zij in het kantoor van de Noord-Hollandse Bank gekomen. Het moeilijkste werk moest nog komen. In dit voorste kantoorlokaal staat n.l. de brandkast met de door de inbrekers begeerde buit. Boven die brandkast brandt echter 's nachts een z.g.n. banklicht en van de straat is door de glazen toegangsdeur heen deze brandkast te zien. De controleerende nachtwaker werpt dus zo nu en dan een blik naar binnen om na te gaan of alles nog in orde is.

Theekist als safe

Daarmede hadden de inbrekers die blijkbaar van de situatie de nodige studie hadden gemaakt, rekening gehouden. Zij hadden een theekist meegenomen, die ongeveer dezelfde afmetingen heeft als de brandkast ; die kist was 80 c.M. hoog en ongeveer 10 c.M. lager dan de kleine, maar stevige safe. In de kelder hadden de nachtelijke bezoekers de kist keurig groen geverfd en om het effect nog te verhogen en de kist bedrieglijk veel op de brandkast te doen gelijken, hadden zij met behulp van ijzerdraadjes en zilverpapier een verzilverde knop aan de kist gemaakt.

De kleine brandkast werd naar het vertrek achter het kantoor gesleept en op de plaats waar enkele minuten tevoren de brandkast nog troonde werd de groene theekist neergezet. Om de hoogte gelijk te maken zetten de fantasierijke inbrekers het nieuwe meubel op een paar boeken. Boven op de pseudobrandkast werd voorzichtig de schrijfmachine gezet, die ook op de echte brandkast had gestaan. Het geheel was zo bedrieglijk nagemaakt, dat zelfs de politie, toen zij Zondagochtend in het kantoor kwam, niet direct het bedrog bemerkte. Toen de inbrekers zover met hun camouflage waren gevorderd en de echte brandkast naar de achterkamer was vervoerd, schoven zij de gordijnen tussen voor- en achterkamer dicht en ook de gordijnen voor de achterramen, die uitzicht geven op een rommelig binnenplaatsje, werden dichtgeschoven.

Zij bouwden een tent

Op de brandkast zetten de inbrekers vervolgens een leuningstoel en over het hele geval legden zij het vloerkleed. Na op deze wijze een tent te hebben gebouwd konden zij het eigenlijke zware inbrekerswerk beginnen. Met een carbidtoestel, een zuurstofcylinder en een snijbrander hebben zij de kast geopend en al zal het geen gemakkelijk werk zijn geweest, het lukte. Zij hebben geen bankpapier gevonden, daar dit des avonds altijd door de eigenaar wordt meegenomen naar een veiliger plaats. Wel troffen zij een belangrijk bedrag aan antieke gouden en zilveren munten aan, benevens een vrij hoog bedrag aan gangbaar goud- en zilvergeld uit alle landen. Hoe groot dit laatste bedrag is, kon de eigenaar Zondagmorgen nog niet opgeven, dit zal pas mogelijk zijn na nauwkeurige berekeningen. Van de antieke munten had hij een lijst.

Het carbidtoestel, dat naast het zuurstofapparaat nodig is voor de snijbrander, werd op de derde verdieping van het gebouw aangetroffen in het atelier, dat een kleermaker in gebruik heeft. De inbrekers hebben hier ook een bezoek gebracht, doch voor zover bekend, wordt daar niets vermist. Het carbidtoestel is een stevig, groen geverfd tonnetje van eigen maaksel van 30 à 40 c.M. hoog, met twee koperen kranen. De inbrekers hebben hun zuurstofapparaat weer meegenomen.

De theekist is blijkbaar in de kelder groen geverfd, want Zondagmorgen was de verf nog nat. Schilders zijn bezig het perceel van buiten te verven en in de kelder en in de gang stonden enige potten verf, maar groene verf was er niet bij, zodat de nachtelijke bezoekers deze waarschijnlijk zelf hadden meegebracht.

Het is niet de eerste keer, dat in het perceel is ingebroken. Begin September hebben leden van het hoofdstedelijke inbrekersgilde een nachtelijk bezoek gebracht aan de 2de étage waar een cargadoorskantoor is gevestigd. Er is toen echter niets gestolen, daar geen waarden in het kantoor waren achtergelaten, zodat de inbrekers zich moesten bepalen tot het openbreken en doorzoeken van lessenaars.

De inbraak in de Noord-Hollandse Bank lijkt veel op een inbraak, die korte tijd geleden in een fotohandel aan de Jozef Israëlskade is gepleegd.

De Noord-Hollandse Bank is tegen inbraak verzekerd.

n.l. =*n*ame*l*ijk. z.g.n. =*z*o*g*e*n*aamd(e).

General Description of Dutch Sounds

(on the basis of the key-words given in Lessons One and Two)

This Description may be found useful by those who are unfamiliar with phonetic theory.

A. *The Vowels :*

1. *piet :* a pure vowel (like the *i* in French *midi*) ; it is shorter than the English *ee*.
2. *pit :* between English *i* of *pit* and English *e* of *men*.
3. *peet :* a pure vowel (like the French *é* of *été*) ; it is like a much lengthened English *i* of *pit*.
4. *pet :* between English *e* of *then* and English *a* of *hat*.
5. *pijt :* begins like the *e* of English *get* and passes on to the *i* of English *sit*.
6. *paat :* the *a* of English *are* made to sound more like the *a* of English *hat*.
7. *pat :* between English *a* of *are* (but short) and English *o* of *hot*.
8. *hot :* like the English *ar* of *war*, but short.
9. *put :* like the English *er* of *her*, but short.
10. *poot :* a pure vowel, like the first part of the English *o* in *go* ; it does not pass on to the *oo* which comes at the end of English *o*.
11. *poet :* a pure vowel, like Scotch *oo* in *look*.
12. *puut :* (like French *u* in *tu*.) To practise it, say : *-ee-*, keep tongue quite still (check this with a pencil), and put the lips forward.

13. *teun :* (passes from the vowel of French *deux* to that of French *tu*) ; it is somewhat like passing from the *e* of English *the* to sound 12.

14. *tuin :* (passes from the vowel of French *leur* to that of French *tu*) ; it is somewhat like passing from the vowel of English *but* to the vowel described under no. 12.

15. *toun, taun :* passes from the *o* of English *hot* to the *oo* of English *book.*

16. *deur :* the first element of sound no. 13.

17. *haai :* passes from sound no. 6 to sound no. 1.

18. *hooi :* passes from sound no. 10 to sound no. 1.

19. *hoei :* passes from sound no. 11 to sound no. 1.

20. *eeuw :* passes from sound no. 3 to sound no. 12.

21. *ieuw :* passes from sound no. 1 to sound no. 12.

B. *The Consonants :*

w is produced by placing the lower lip against the upper teeth and then removing it ; it lacks the *-oo-* element of the English w.

t and *d* differ from the corresponding English sounds in that the tip of the tongue is pressed against the upper teeth.

n—the same applies as for *t* and *d.*

r—there are three varieties in Dutch :

(1) rolled with the tip of the tongue ;
(2) rolled with the uvula ;
(3) scraped with the uvula ;

of these, the second is generally used.

ch and *g* (ch corresponds to the German ach-Laut) ; to learn these put the mouth so as to say a long *k* (the sort of *k* which is followed by *oo*, as in *coo*, but hold on to the *k*) ; slowly release the *k* and the resulting scraping sound is the *ch*. The *g* is slightly voiced, except at the end of words.

PHONETIC APPENDIX

This appendix is intended mainly for the use of those teachers and students conversant with phonetic theory. To them it is meant to be a help ; it is not intended to teach phonetics to those who know none.

Phonetic rendering of the key-words 1 *to* 12 *in Lesson One :*

1.	pit	7.	pɑt
2.	pɪt	8.	pɔt
3.	pet (peⁱt)	9.	pœt
4.	pɛt	10.	pot (poᵘt)
5.	pɛɪt	11.	put
6.	pat	12.	pyt

N.B.—Numbers 3 and 5 tend to become diphthongized when in open syllables.

Phonetic rendering of the key-words 13 *to* 21 *in Lesson Two :*

13.	tøyn	18.	hoi
14.	tœyn	19.	hui
15.	tɔun	20.	ey
16.	dør	21.	iy
17.	hai		

Transcript of the reading matter of Lesson One :

də'tafəl ɪzɪnət'mɪdə vɑndə'?etkamər. ərzɛɪŋ'virstulə ɔmdə'tafəl. ərɪzən'stul a'nɛlkəkɑnt fɑndə'tafəl. ə'tafəlakə ?ɪs'hɛldərwɪt. ərɪ'zetənɔp'tafəl. ətɔnd'bɛɪt ɪsxəret. əm'bɔrt lɪxtfo'rɛlkəstul, ɛ'mɛzɛŋvɔrk lɪɤə'nastɛlgbɔrt. ət'mɛzlɪxt'rɛxts, ?ɛndə'vɔrk lɪxt'lɪŋksfɑnədbɔrt. ərɪzokən 'lepəl vor'pit. 'pitɪznɔɤjɔŋ ; hɛɪetəmbɔrtjə'pɑp ɛndrɪŋtenɤlɑz 'mɛlk. əd'brot lɪxtɔbdə'brotplɑŋk ɛnərɪzə'nantɑl snetjəz'brot ɪndə'brotsxal. də'kas, də?ɔnd'bɛɪtwɔrst, də'ʃɛm ɛndə?ɔnd 'bɛɪtkuk zɛɪnɔɤɔpədby'fɛt. mudər'wɑxt tɔt'wɑləmal bə'nedəkomə. ɪgbɛnɔɤ'nitklar, marɪkhor'vadər ?ɔbdətrɑp.

Diagram illustrating the tongue positions of Dutch vowels:

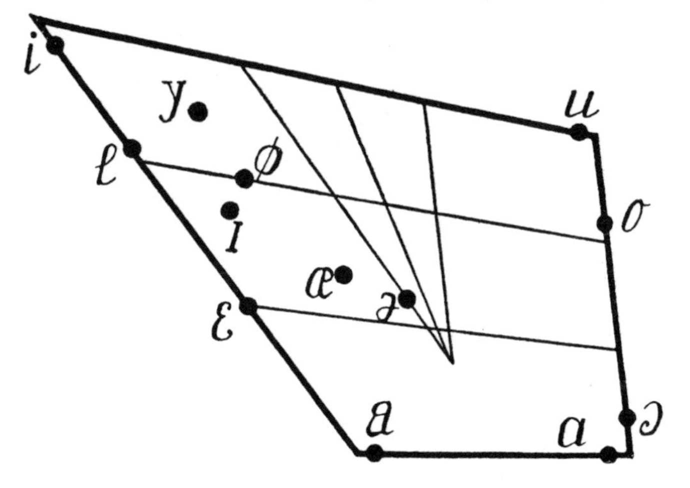

Diagram illustrating the nature of the Dutch diphthongs:

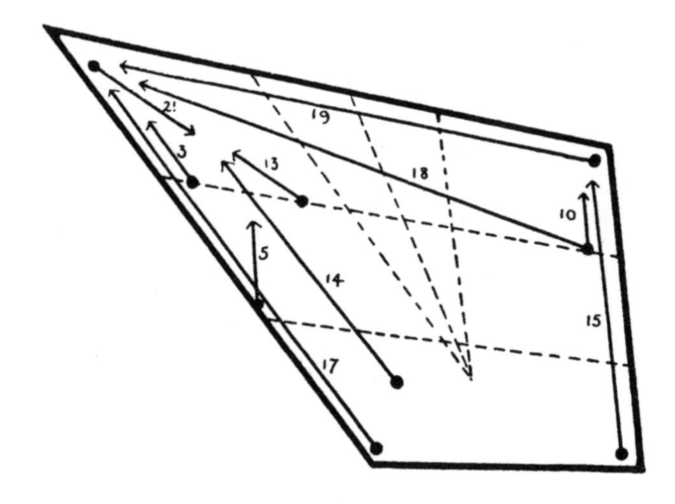

Note that for purposes of transcription the symbol (œ) is used to indicate :

(1) the vowel in ' jullie ' (jœli),

(2) the first part of the diphthong in ' huis ' (hœys).

Compare the place of (œ) in the first diagram and that of the starting point of arrow 14 in the second diagram.

Transcription of the pronunciation exercise of Lesson Nine :

1. 'joləx
2. 'wɛɪzəɣə
3. 'dadələk
4. ɣə'nipəx
5. ɣə'lɛɪk
6. vər'slɑx
7. 'dœydələk
8. '?olək
9. 'blɛɪhɛɪt
10. '?ɛɪsələk
11. '?ɛɪzəx
12. vər'delthɛɪt
13. ɣə'lœk
14. 'wɛɪzəɣɪŋ
15. 'vresələk
16. ɣə'ret
17. 'ryzi
18. 'hɛɪmwe
19. bə'rɛɪt
20. plɛɪ'doi

Transcription of a passage from Lesson Twenty-Six, p. 134 :

' Het wisselkantoor heeft voor, aan de Damrakzijde, twee etalages,' . . .

ət'wɪsəlkɑntor heft'for, andə'dɑmrɑksɛɪdə, 'twe etɑ'laʒəs, ɣə'sxɛɪdə dorən'dør, wardorətpy'blik 'tuɣɑŋheftɔtə'hɑl, warzɪɣdəlo'kɛtə bəvɪndə. ?ovərdɑɣ wɔrdənɪndetɑ'laʒəs 'fremdə 'bɑŋgbiljɛtə, 'mœntə ɛnzovort '?œytxəstɑlt, ɛnɔ'bɔrdə wɔrdədə'wɪsəlkursə '?anɣəɣevə. '?ət'pɑnt heftɛxtər'nɔɣəɱ'vordør, namələk'nastə'lɪŋkəretɑ'laʒə. dezə-dør ɣef'tuɣɑŋ tɔtən'lɑŋə 'ɣɑŋ, dijɪndəɣə'helə 'lɛŋtə lɑŋzdəkɑn'torlokalə lopt. anə'tɛɪndə vɑndiɣɑŋ ɪzokən'trɑpjə vɑnɛŋkələ'tredə nardə'kɛldərs ɔndərətxə'bɔu. də'kɛldərzwarə '?ɑfxəslotə dorən'dør mɛtən'heleɱvɔudəɣ 'hɑŋslɔt, dɑtsɛlf'sɔndər ?ɪmbrekərzwɛrktœyɣə wɛlkɔɱwɔrdə ɣəfɔr'sert. də'divəny—mɛnem'tan, dɑtə'?ɪmbrak'nitətwɛrk fɑ'ne'mɑŋkɑnzɛɪŋɣəwest—zɛɪndətwedədør andəstrat 'bɪnə-ɣəlopə. dezə'dør ɪz'hoxstwarsxɛɪnlək nitɔp'slɔtxəwest. də'kɛldərdør wɑzɪnəɱ'wɪp xəfɔrsert. də'kɛldər strɛk-təzɪɣɔndərətxə'helə ɣəbɔu'ʔœyt, də'hoxtə bədraxt'nitmerdɑn 'ʔemetər'sɛstəx, zodɑtəɱvɔl'wɑsə'mɑn ər'nit rɛx'tɔpɪŋ-kɑnstan.

VOCABULARY

English—Dutch

A

able, to be	kunnen
above	boven
above all	vooral
acquainted, to be	kennen
admission, the	de toegang
admittance, the	de toegang
adventure, the	het avontuur
aeroplane, the	het vliegtuig
afternoon, the	de middag
afternoon, in the	's middags
after that	daarna
again	weer
aim, to	aanleggen
air, the	de lucht
alas	helaas
all (of us)	allemaal
all sorts of	allerlei
all this	dat alles
allowed, to be	mogen
along	langs
almost	bijna
already	al
also	ook
always	altijd
amuse oneself (to)	zich amuseren
and	en
angry	kwaad
animal, the	het dier
antlers, the	het gewei
any	enig
apple, the	de appel
April	April
arranged	ingericht
arrive, to	aankomen
article, the	het artikel
as well as	zowel
ash, the	de as
ashtray, the	het asbakje
ask, to	vragen
at	aan
at night	's nachts
at once	opeens
at the bottom	benedenaan, onderaan
at the side of	naast
at the top	bovenaan
attach, to	vastmaken
August	Augustus
aunt, the	de tante
autumn, the	de herfst
awake	wakker
away	weg
awful	akelig

B

back, the	de achterkant
back	terug
back, at the	van achter
back of, at the	achter
background, the	de achtergrond
back one, the	de achterste
bad	slecht
bakery, the	de bakkerij
balcony, the	het balkon
bale, the	de baal
ball, the	de bal
banana, the	de banaan
band, the	de bende
bank (of river), the	de oever
barometer, the	de barometer
baron, the	de baron
barrel, the	het vat
barrel (of a gun), the	de loop
barrow, the	het karretje
basket, the	de mand
bath(e), the	het bad
bath(e), to	baden
bathing costume, the	het badcostuum
bathroom, the	de badkamer
beach, the (sandy)	het strand
beam (of wood), the	de balk

beard, the	de baard
bear (carry), to	dragen
beat, to	slaan
because	omdat
become, to	worden
bed, the	het bed
bedroom, the	de slaapkamer
before	voor
begin, to	beginnen
behind	achter
belt, the (conveyor)	de band
believe, to	geloven
beside	naast
best	best
between	tussen
bicycle, the	de fiets
bind, to	binden
bird, the	de vogel
biscuit, the	het koekje
black	zwart
blacksmith, the	de smid
blanket, the	de deken
blow, the	de slag
blow (of wind), to	waaien
blue	blauw
boar, the (wild)	het (wilde) zwijn
board, on	aan boord
boat, the	de boot
book, the	het boek
booking-office, the	het loket
bookstall, the	het boeken-stalletje
booth, the	het kraam
bored, to be	zich vervelen
both	beide
bottle, the	de fles
bottom, at the	onderaan, benedenaan
box, the (small)	de doos
box of matches, the	het doosje lucifers
boy, the	de jongen
branch, the	de tak
brandy, the	de brandewijn
brasswork, the	het koperwerk
brave	dapper
bread, the	het brood
breadboard, the	de broodplank
bread-dish, the	de broodschaal
break, to	breken
breakfast, the	het ontbijt
breakfast-cake, the	de ontbijtkoek
breakfast-sausage, the	de ontbijt-worst
bridle, the	de teugel
bright	helder
broad	breed
brook, the	de beek
brother, the	de broer
brown	bruin
building, the	het gebouw
bullet, the	de kogel
bunk, the	de kooi
bush, the	de struik
business, to do	zaken doen
busy	druk
but	maar
butter, the	de boter
button, the	de knoop
buy, to	kopen

C

cabin, the	de kajuit
café, the	het café, het cafétje
cage, the	de kooi
calculating machine, the	de reken-machine
calendar, the	de kalender
call, to	roepen
called, to be	heten
calm	kalm
camp, the	het kamp
can	cf. *to be able*
canal, the (town)	de gracht
candle, the	de kaars
capsize, to	kapseizen
car, the	de auto
carbon-copy, the	de doorslag
careful	voorzichtig
cargo, the	de lading
carpenter, the	de timmerman
carpet, the	het tapijt
carriage, the	het rijtuig

carry, to	dragen
cart, the	de kar, de wagen
carter, the	de voerman
case, the	de kist
cat, the	de kat, de poes
cattle, the	het vee
cellar, the	de kelder
centre (of a town), the	het centrum
century, the	de eeuw
certain	zeker
chair, the	de stoel
chance	het toeval
chase, to	jagen
cheese, the	de kaas
cherry, the	de kers
cherry-stone, the	de kersepit
cherry-tree, the	de kerseboom
child, the	het kind
chimney, the	de schoorsteen
choose, to	kiezen
church, the	de kerk
churchyard, the	het kerkhof
cigar, the	de sigaar
cigarette, the	de sigaret
clatter down, to	neerkletteren
clean, to	schoonmaken
clear	helder
clear away, to	opruimen
clerk, the	de klerk
climb down, to	afklimmen
climb up, to	opklimmen
cloak, the	de mantel
clock, the	het klokje
close by	dicht bij
close to	vlak bij
clothes, the	de kleren
cloud, the	de wolk
coal, the	de kolen
coal-scuttle, the	de kolenbak
coast, the	de kust
coat, the	de jas
cobble, the	de kei
cold	koud
colour, the	de kleur
coloured	gekleurd
colourful	kleurig
comb, the	de kam
come, to	komen
conductor, the	de conducteur
congratulate, to	gelukwensen
consist of, to	bestaan uit
cook, the	de kok
cooling-oven, the	de koeloven
copying-press, the	de copiëerpers
cork, the	de kurk
corkscrew, the	de kurketrekker
corn (=wheat), the	het koren, het graan
corner, the	de hoek
cost, to	kosten
cotton, the	het katoen
counter, the	de toonbank
country, the	het platteland
country folk, the	de plattelandsmensen
countryside, the	het platteland
country, to the	naar buiten
couple, the	het paar
courage, the	de moed
courageous	moedig
cousin, the	de neef (m), de nicht (f)
cover, to	bedekken
covered	bedekt
crossing, the	de overtocht
crowd, to	dringen
cry (weep), to	huilen
curious	zonderling
current, the	de stroom
customer, the	de klant
cut, to	snijden
cut oneself, to	zich snijden
cycle, to	fietsen

D

daily	dagelijks
danger, the	het gevaar
dangerous	gevaarlijk
dark blue	donkerblauw
date, the	de datum
day, the	de dag
December	December
decide, to	besluiten
deck, the	het dek
deck-chair, the	de vouwstoel

deep	diep
delay, the	de vertraging
describe, to	beschrijven
desk, the	de lessenaar
dictaphone, the	de dictafoon
die, to	sterven
dig, to	graven
dining-room, the	de eetkamer
direct(ly)	direct
dirty	vuil
disappear, to	verdwijnen
dish, the	de schaal
distance, the (far)	de verte
do, to	doen
doctor, the	de dokter
document, the	het stuk
door, the	de deur
downstairs	beneden
dream, to	dromen
dress, to	zich kleden
drink, to	drinken
drunk	dronken
dry	droog
dry oneself, to	zich drogen
during the day	overdag
dust, the	het stof
dusty	stoffig
dwell, to	wonen

E

each	elk
each other	elkaar
early	vroeg
earlier	vroeger
earth, the	de aarde
earthenware, the	het aardewerk
easy (=easily)	makkelijk
eat, to	eten
eat up, to	opeten
egg, the	het ei
empty	leeg
end, the	het eind
endless	eindeloos
enemy, the	de vijand
engagement, the	de verloving
England	Engeland
enjoy oneself, to	genieten
enough	genoeg
entire	heel
equally	even
escape, to	ontsnappen
even	zelfs
evening, the	de avond
evening, in the	's avonds
ever (=always)	steeds
everything	alles
except	behalve
Exchange, the	de beurs
expensive	duur
explanation, the	de uitleg
express train, the	de sneltrein
extremely	vreselijk
eye, the	het oog

F

façade, the	de gevel
face, the	het gezicht
factory, the	de fabriek
fair, the	de jaarbeurs
fairly	nogal
faithful	trouw
fall, to	vallen
fall asleep, to	in slaap vallen
famous	beroemd
fancy goods, the	de galanterieën
far	ver
farm, the	de boerderij
farmer, the	de boer
farmer's wife, the	de boerin
farther	verder
fast	snel
father, the	de vader
fault, the	de fout
feast, the	het feest
February	Februari
feeling, the	het gevoel, (pl.: de gevoelens
festive	feestelijk
fetch, to	halen
few, a	enkele, een paar
fiancé(e), the	de verloofde
fiery	vurig
fight, to	vechten
figure, the	het getal
fill, to	vullen
fill (a pipe), to	stoppen
find, to	vinden

finder, the	de vinder
fine	mooi
fire, the	het vuur
firm	stevig
fish, the	de vis
fish, to	vissen
fix, to	vastmaken
flag, the	de vlag
flame, the	de vlam
flat	plat
flaw, the	de fout
flee, to	vluchten
flesh, the	het vlees
flight, the	de vlucht
floor (=storey), the	de verdieping
florin, the	de gulden
flow, to	stromen
fly, to	vliegen
foam, the	het schuim
foc's'le, the	het voorschip, het logies
follow, to	volgen
following	volgend
food, the	het eten, het voedsel
for (reason)	want
for (to)	voor
force (power), the	de kracht
foreign	vreemd, buitenlands
foreground, the	de voorgrond
forehead, the	het voorhoofd
foremost, the	de voorste
forest, the	het bos
fork, the	de vork
form, to	vormen
former(ly)	vroeger
fountain, the	de fontein
fresh	fris, vers
Friday	Vrijdag
friend, the	de vriend
from (out of)	vanuit
front, the	de voorkant
front, in	van voren
front of, in	voor
front one, the	de voorste
fugitive, the	de vluchteling
fruit (in general)	het fruit
fruit, the	de vrucht
full	vol
funnel (of a ship), the	de schoorsteen
further	verder

G

garden, the	de tuin
gardener, the	de tuinman
gate(s), the	de poort
gay	vrolijk
gently	zachtjes
get, to	raken
get up, to	opstaan
girder, the	de balk
girl, the	het meisje
give, to	geven
give back, to	teruggeven
glad	blij
glass, the	het glas
glass, of	glazen
glass (blowing) works, the	de glasblazerij
glide, to	glijden
go (of a ship), to	varen
go, to	gaan
go away, to	weggaan
go off (alarum clock), to	aflopen
gold, the	het goud
gone	weg
good	goed
good-looking	knap
goods, the	de goederen
grape, the	de druif
grass, the	het gras
great	groot
green	groen
greeting, the	de groet
grey	grijs
grocer, the	de kruidenier
grocer's shop, the	de kruidenierswinkel
ground, the	de grond
grow, to	groeien
guilder, the	de gulden
gull, the	de meeuw
gun, the	het geweer
gunpowder, the	het kruit

H

hair, the — het haar
ham, the — de ham
hammer, to — hameren
hand, the — de hand
happen, to — gebeuren
harbour, the — de haven
hard — hard
hare, the — de haas
hat, the — de hoed
have to, to — moeten
head, the — het hoofd
healthy — gezond
heap, the — de hoop
hear, to — horen
hearth, the — de haard
hearty — hartig
heavy — zwaar
help, to — helpen
her — haar
herb, the — het kruid
hidden — verborgen
high — hoog
him(self) — zich
hindquarters, the — het achterlijf
his — zijn
hit (with gun), to — raken
hold (of ship), the — het ruim
holidays, the — de vacantie
Holland — Holland, Nederland
home (=homewards) — naar huis
honour, the — de eer
horizon, the — de horizon
horse, the — het paard
horseback, on — te paard
horsedoctor, the — de paardedokter
horseman, the — de ruiter
hotel, the — het hôtel
hour, the — het uur
house, the — het huis
how many? — hoeveel?
how much? — hoeveel?
hunt, the — de jacht
hunt, to — jagen
hurricane, the — de orkaan
hussar, the — de huzaar

I

immediately — dadelijk
impatient — ongeduldig
impression, the — de indruk
in — in
incredible — ongelooflijk
ink, the — de inkt
inkwell, the — de inktpot
iron, the — het ijzer
iron, of — ijzeren

J

jam, the — de jam
January — Januari
jar, the — het potje
journey, the — de reis
journey, on a — op reis
jug, the — de kruik
July — Juli
jump, to — springen
June — Juni
just like — net als
just (like that) — zo maar

K

key (of machine), the — de toets
knife, the — het mes
know, to — weten
know, to (=to be acquainted with) — kennen

L

label, the — het etiket
labourer, the — de arbeider
laden — volgeladen
land, the — het land
land, to — terechtkomen
landscape, the — het landschap
language, the — de taal
large — groot
last — laatste
last, to — duren
late — laat
laugh, to — lachen
laughter, the — de lach
laurel branch, the — de lauwertak
laurels, the — de lauweren

lay, to	leggen
layer, the	de laag
lead (=command), to	leiden
leader (=captain), the	de aanvoerder
leaf, the	het blad (pl.: de bladeren)
leave, to take	afscheid nemen
leave, to	vertrekken
left, on the	links
length of, a	een eind
length of, a short	een eindje
let down, to	neerlaten
letter, the	de brief
lid, the	het deksel
lie, to	liggen
life, the	het leven
lift up, to	oplichten
light, the	het licht
light, to	aansteken
light blue	lichtblauw
like, to	houden **van**
lime, the	de kalk
linen, the	het linnen
listen to, to	luisteren naar
little, a	een beetje
live (=dwell), to	wonen
live (=exist), to	leven
load, to	laden
loaf, the	het brood
loft, the	de zolder
long	lang
long run, in the	op den duur
look at, to	kijken naar
loose	los
lorry, the	de lorrie
lost	kwijt
lovely	heerlijk
low	laag
luck (=good luck)	geluk
lucky	gelukkig
luggage, the	de bagage
lunchroom, the	de lunchroom

M

mahogany, the	het mahoniehout
mailboat, the	de mailboat
make, to	maken
manner, the	de manier
mantelpiece, the	de schoorsteenmantel
many	veel
March	Maart
market, the	de markt
market dues, the	het staangeld
market square, the	het marktplein
marry, to	trouwen
mast, the	de mast
match, the	de lucifer
matchbox, the	het lucifersdoosje
mate (=ship's officer), the	de stuurman
material, the	de stof, het goed
May	Mei
may	cf. *to be allowed*
meal, the	de maaltijd
meat, the	het vlees
medicine, the	de medicijn
meet (from a train), to	afhalen
melt, to	smelten
member, the	het lid
merchant, the	de koopman
middle, the	het midden
mile, the	de mijl
milk, the	de melk
minute, the	de minuut
mirror, the	de spiegel
mistake, the	de fout
modern, in a modern way	modern
moment, the	het ogenblik
Monday	Maandag
money, the	het geld
month, the	de maand
moon, the	de maan
more	meer
morning, the	de morgen
morning, in the	's morgens
most	meest
mother, the	de moeder
motor, the	de motor
motor-vessel, the	het motorschip

mouth, the	de mond
much	veel
much, too	te veel
music, the	de muziek
must	cf. *to have to*

N

nail, the	de nagel
nailbrush, the	de nagelborstel
namely	namelijk
napkin, the	de servet
narrow	nauw, smal
naturally	natuurlijk
near	bij, nabij
near by	vlak bij
neck, the	de hals
need, to	nodig hebben
neigh, to	hinniken
neighbour, the	de buurman, de buurvrouw (pl. : de buren)
neighing, the	het gehinnik
nephew, the	de neef
Netherlands, the	Nederland, Holland
new	nieuw
new-fangled	nieuwerwets
newspaper, the	de krant
nice	aardig
nice (to eat)	lekker
niece, the	de nicht
night (=evening), the	de avond
night, the	de nacht
night (=evening), at	's avonds
night, at	's nachts
noise, the	het leven
noisy	rumoerig
not	niet
notary (public), the	de notaris
nothing	niets
November	November
number of, the	het aantal
nursery, the	de kinderkamer

O

oak, the	de eik
oak (wood)	het eikenhout
oak, made of	eikenhouten
object, the	het voorwerp
October	October
odour, the	de geur
of	van
offer, to	aanbieden
office, the	het kantoor
oil, the	de olie
old	oud
on	op
on him	bij zich
on and on	al maar door
one (not the number)	men
only	pas
open	open
open, to	opendoen
operation, the	de operatie
orange, the	de sinaasappel
orange	oranje
orchestra, the	het orkest
orderly	ordelijk
ordinary	gewoon
other	ander
other side, the	de overkant
our	ons (onze)
oven, the	de oven
overboard	overboord
own	eigen

P

pack, to	pakken
pail, the	de emmer
pain, the	de pijn
pair, the	het paar
paper, the	het papier
parents, the	de ouders
part, the	het deel
parting, the	het afscheid
passenger, the	de passagier
past, the	het verleden
past	geleden
past	voorbij
pastry-cook, the	de banketbakker

pay, to	betalen
peaceful	rustig
pear, the	de peer
peasant, the	de boer
pellets (=shot), the	de hagel
pen, the	de pen
pencil, the	het potlood
penknife, the	het zakmes
people, the	de mensen
perhaps	misschien
petrol, the	de benzine
phœnix, the	de feniks
pick up, to	opnemen, oprapen
picnic, the	de pic-nic
pile, the	de stapel
pink	rose
pipe, the	de pijp
pistol, the	het pistool
pit, the	de kuil, de put
plain	eenvoudig
plank, the	de plank
plate, the	het bord
platform, the	het perron
play, to	spelen
pleasant	prettig
pocket, the	de zak
poker, the	de poker
Poland	Polen
polish, to	poetsen
ponder, to	peinzen
porridge, the	de pap
portcullis, the	de valpoort
porter, the	de kruier
possible	mogelijk
post, the	de paal
pour, to	schenken
power, the	de kracht
press, to	persen
pride, the	de trots
promenade, the	de boulevard
prosperous	voorspoedig
proud	trots
pump, the	de pomp
pure white	helderwit
purple	paars
purse, the	de beurs
pursue, to	achtervolgen
put, to	zetten
put down, to	neerzetten

Q

quarter of an hour, a	een kwartier
quarter past	kwart over
quarter to	kwart voor
quay, the	de kaai
quench, to	lessen
question, the	de vraag
quick(ly)	vlug, gauw
quiet	stil, rustig

R

rabbit, the	het konijn
rack, the	het rek
rain, the	de regen
rain, to	regenen
rather	nogal
razor, the	het scheermes
ready	klaar, gereed
ready-made clothing shop, the	de confectiezaak
real	echt
reckon, to	berekenen
recognize, to	herkennen
red	rood
refugee, the	de vluchteling
remain, to	blijven
request, to	verzoeken
resist, to	weerstaan
restaurant, the	het restaurant
return, to	teruggeven
ribbon, the	het lint
rich	rijk
ride, the	de rit
ride, to	rijden
right, on the	rechts
rinse, to	spoelen
ripple, to	kabbelen
rise, to	stijgen
rise (of storm), to	opsteken
road, the	de weg
roll, the	de rol
roll, to	rollen
roll (of waves), to	dobberen
roll up, to	oprollen

roof, the	het dak
room, the	de kamer, het vertrek
roomy	ruim
rough	ruw
round	om
round (=circular)	rond
row, the	de rij
rowing-boat, the	de roeiboot
run, in the long	op den duur
Russia	Rusland

S

sad	treurig
sail, to	varen
sailcloth, the	het zeildoek
sailing vessel, the	het zeilschip
sailor, the	de zeeman (pl. zeelui), de matroos
sally, the	de uitval
same, the	dezelfde, hetzelfde
sample, the	de monster
sand, the	het zand
satisfied with	tevreden met
Saturday	Zaterdag
sauce, the	de saus
sausage, the	de worst
say, to	zeggen
sea, the	de zee
seal, to	verzegelen
sealing wax, the	de zegellak
search, to	zoeken
seat (of chair), the	de zitting
second-hand	tweedehands
see, to	zien
seek, to	zoeken
seem, to	schijnen
sell, to	verkopen
September	September
shake, to	schudden
shave, to	zich scheren
shaving-brush, the	de scheerkwast
shaving-soap, the	de scheerzeep
shine, to	schijnen, schitteren, blinken
ship, the	het schip
shipwreck, the	de schipbreuk
shipwrecked, to be	schipbreuk lijden
shoot, to	schieten
shop, the	de winkel
shopping, the	de inkopen
shopping, to do the	inkopen doen
shot, the	het schot
shot (=pellets)	de hagel
shut, to	dicht doen
shy	schuw
side, the	de zijde, de kant
sides, on both	aan weerszijden
sideboard, the	het buffet
signet ring, the	de zegelring
signpost, the	de wegwijzer
silver, the	het zilver
single (=unmarried)	ongetrouwd
sister, the	de zuster
sit, to	zitten
sitting room, the	de zitkamer
sky, the	de hemel, de lucht
sleep, the	de slaap
sleep, to	slapen
slice, the	het sneetje
small	klein
smell, to	ruiken
smelt, to	smelten
smile, the	de glimlach
smoke, to	roken
snow, the	de sneeuw
snow, to	sneeuwen
so	zo
soap, the	de zeep
soda, the	de soda
soft	zacht
softly	zachtjes
something	wat
somewhat	een beetje
soon	weldra
source, the	de bron
space, the	de ruimte
spacious	ruim
spade, the	de schop
spare room, the	de logeerkamer

sparkle, to	fonkelen, schitteren
special	bizonder
spend (bullets), to	verschieten
splash, to	spatten
splendid	prachtig
splinter (of glass), the	de scherf
sponge, the	de spons
spoon, the	de lepel
spot, the	de plek
Spring	de lente
square (in town), the	het plein
stag, the	het hert
stairs, the	de trap
stall, the	het kraam
stand, to	staan
stately	deftig
station, the	het station
steam, the	de stoom
steampipe, the	de stoompijp
steel, the	het staal
steel, of	stalen
stern (of a ship), the	het achterschip
stick, to	plakken
stick (=small bar), the	het staafje
stick out, to	uitsteken
still (=quiet)	stil
still (=yet)	nog, nog steeds
stomach-ache, the	de buikpijn
stone (=pip), the	de pit
stone, the	de steen
stool, the	de kruk
stop, to	stoppen
store-room, the	het magazijn
storey, the	de verdieping
storm, the	de storm
story, the	het verhaal
straight (in front of)	vlak voor
strange	vreemd
straw, the	het stro
street, the	de straat
strike root, to	wortelen
strong	sterk
study, to	studeren
stuff, the	de stof
stumble, to	struikelen
succeed, to	gelukken
suddenly	plotseling
suit (of clothes), the	het pak
summer, the	de zomer
summer, in	's zomers
sun, the	de zon
Sunday	Zondag
surrounded	omringd
sweetshop, the	de snoepwinkel
swim, to	zwemmen

T

table, the	de tafel
tablecloth, the	het tafellaken
take, to	nemen
talk, to	praten
tall	hoog
tap, the	de kraan
tear, the	de traan
tear, to	scheuren
telephone, the	de telefoon
tell, to	vertellen
tepid	lauw
terrible	vreselijk
thaw, to	dooien
their	hun
there	daar
therefore	dus
thermometer, the	de thermometer
thick	dik
thing, the	het ding
think, to	denken
thirst, the	de dorst
thirsty, to be	dorst hebben
thought, the	de gedachte
thousand	duizend
through	door
throw, to	gooien, werpen
throw away, to	weggooien
Thursday	Donderdag
ticket, the	het kaartje
tide, the	het getij
time, the	de tijd
time, in	op tijd

time (=occasion), the — de keer
tired — moe (=moede)
to and fro — heen en weer
tobacco, the — de tabak
together — samen
tongs, the — de tang
tooth, the — de tand
toothpaste, the — de tandpasta
top hat, the — de hoge hoed
toss (of waves), to — dobberen
totter, to — wankelen
touch (=hit), to — raken
towards — naartoe, naar . . . toe
towel, the — de handdoek
tower, the — de toren
town, the — de stad
town, to — naar stad
town hall, the — het stadhuis
traffic, the — het verkeer
train, the — de trein
tram, the — de tram
travel, to — reizen
traveller, the — de reiziger
tree, the — de boom
true — waar
Tuesday — Dinsdag
Turk, the — de Turk
Turkey — Turkije
turn, the — de beurt
turn off (alarum clock), to — afzetten
twig, the — de twijg
typewriter, the — de schrijfmachine

U

umbrella, the — de paraplu
uncle, the — de oom
under — onder
unexpected — onverwacht
unload, to — lossen
unmarried — ongetrouwd
unroll, to — ontrollen
until — tot
upside down — ondersteboven
useful — nuttig

V

valley, the — de vallei
van, the — de lorrie
veritable — werkelijk
very — heel
vet, the — de veearts
via — via
village, the — het dorp
violent — fel
violet — violet
visit, the — het bezoek
visitor, the — de bezoeker

W

wait for, to — wachten op
walk, to — wandelen, lopen
walk on, to — doorlopen
wall, the — de muur, de wand
wall (=rampart), the — de wal
want to, to — willen
war, the — de oorlog
warehouse, the — het pakhuis
warm — warm
wash, to — wassen
wash oneself, to — zich wassen
washbasin, the — de waskom
waste-paper basket, the — de scheurmand
water, the — het water
wave, the — de golf
way, the — de weg
weather, the — het weer
weathervane, the — het haantje (v.d. toren)
Wednesday — Woensdag
well, the — de bron
where — waar
which — die, dat, welk
while (a little) — een poosje
whilst — terwijl
white — wit
whitewashed — witgekalt
who — wie
wide — wijd
wild — wild
will — cf. *to want to*

wind (of a road), to	kronkelen
wind, the	de wind
window, the	het raam
wine, the	de wijn
winter, the	de winter
winter, in	's winters
with	met
without	zonder
wonder, the	het wonder
wonderful	wonderlijk
wood, the	het hout
wood, of	houten
wool, the	de wol
work, the	het werk
work, to	werken
workman, the	de werkman (pl.: werklui)
wrench, to	rukken
write, to	schrijven

Y

yard, the	de el
year, the	het jaar
yellow	geel
yes	ja, jawel
yet (=still)	nog
yet (=all the same)	toch
young	jong
your	jouw, Uw

VOCABULARY

Dutch—English

A

aan	at
aanbieden	to offer
aangeplakt	posted up
aangeslagen	affixed
aangeven	to indicate
aankomen	to arrive
aansteken	to light
aantal, het	the number (of)
aantreffen	to find, come across
aanvoerder, de	the leader, captain
aanvoeren	to lead, command
aanzienlijk	considerable
aarde, de	the earth
aardewerk, het	the earthenware
aardig	nice
achter	behind, at the back of
achter, van	behind, at the back
achtergrond, de	the back, the background
achterkant, de	the back
achterlijf, het	the hind quarters
achterschip, het	the stern
achterste, de	the back one
achtervolgen	to pursue
adresseer-machine, de	the addressograph
af en aan	backwards and forwards
afbraak, de	the demolition
afhalen	to meet (from train, etc.)
afklimmen	to climb down
aflopen	to go off (alarum)
afmeting, de	the dimension
afscheid, het	the parting
afscheid nemen	to take leave
afsluiten	to shut (off)
afzetten	to turn off (alarum)
akelig	awful
al	already
al maar door	on and on
allemaal	all of us
allerlei	all sorts of
alles	everything
alles, dit	all this
als	like
altijd	always
amuseren, zich	to amuse (enjoy) oneself
ander	other
anders	different
appel, de	the apple
April	April
arbeider, de	the labourer
artikel, het	the article
as, de	the ash(es)
asbakje, het	the ashtray
asla, de	the ashpan
atelier, het	the workshop
Augustus	August
auto, de	the car
avond, de	the evening
avonds, 's	at night, in the evening
avontuur, het	the adventure

B

baal, de	the bale
baard, de	the beard
bad, het	the bath, bathe
baden	to bath(e)
badpak, het	the bathing costume
badkamer, de	the bathroom
bagage, de	the luggage
baken, het	the beacon
bakker, de	the baker
bakkerij, de	the bakery
bal, de	the ball

balk, de	the beam (of wood), the girder
balkon, het	the balcony
banaan, de	the banana
band, de	the (conveyor) belt
banketbakker, de	the pastrycook
barbier, de	the barber
barometer, de	the barometer
baron, de	the baron
bed, het	the bed
bedekken	to cover
bedrag, het	the amount
bedragen	to amount to
bedrieglijk	deceptive(ly)
bedrog, het	the deception
beekje, het	the brook
beetje, een	a little, somewhat
beginnen	to begin
begroeid	overgrown
behalve	except
behulp van, met	with the help of
beide	both
bende, de	the band
beneden	downstairs
benedenaan	at the bottom
benevens	apart from
bepalen tot, zich	to limit oneself to
berekenen	to reckon
berekening, de	the calculation
beroemd	famous
beschrijven	to describe
besluiten	to decide
best	best
bestaan uit	to consist of
betalen	to pay
beurs, de	the purse, the Exchange
beurt, de	the turn
bevolken	to people
bewegen	to move
beweging, de	the movement
bewoond	inhabited
bezoek, het	the visit
bezoeker, de	the visitor
bezwaar, het	the objection
bij	near
bijl, de	the axe
bijna	almost
binden	to bind
binnenlands	inland
bizonder	special
blad, het (pl.: de bladeren)	the leaf (the leaves)
blauw	blue
bleek	pale
blij	glad
blijkbaar	apparently
blijven	to remain
blik, de	the glance
blik werpen, een	to throw a glance
blinden, de	the shutters
blinken	to gleam, shine
bloeien	to flower
bloembed, het	the flower bed
boek, het	the book
boekenstalletje, het	the bookstall
boer, de	the peasant, farmer
boerderij, de	the farm
boerin, de	the country woman, farmer's wife
bokkenwagen, de	the goat cart
boog, de	the arc, curve
boom, de	the tree
boord, aan	on board
boot, de	the boat
bord, het	the plate, the blackboard, the board
border, de	the border
bordje, het	the notice (board)
bos, het	the wood, forest
boter, de	the butter
boulevard, de	the promenade
bouwterrein, het	the building site
boven	above
bovenaan	at the top
bovendien	moreover

bovenmeester, de	the headmaster (village school)
brandewijn, de	the brandy
brandkast, de	the safe
breed	broad, wide
breken	to break
brief, de	the letter
brievenbesteller, de	the postman
broer, de	the brother
bron, de	the source, well
brood, het	the bread, loaf
broodplank, de	the breadboard
broodschaal, de	the (large) bread-dish
bruin	brown
brutaal	bold
buffet, het	the sideboard
buikpijn, de	the stomach-ache
buit, de	the booty, loot
buitenlands	foreign
buitmaken	to capture
buren, de	the neighbours
buurman, de	the neighbour (man)
buurvrouw, de	the neighbour (woman)

C

café, cafétje, het	the café
carbid, het	the carbide
cargadoor, de	the ship-broker
cent, de	the cent
centrum, het	the centre (of town)
commissaris, de	the chief inspector
conducteur, de	the conductor
confectiezaak, de	the ready-made clothing shop
copiëerpers, de	the copying-press

D

daar	there
daarna	after that
dadelijk	immediate(ly)
dag, de	the day
dagelijks	daily
dak, het	the roof
dapper	brave
datum, de	the date
December	December
deel, het	the part
deftig	stately
dek, het	the deck
deken, de	the blanket
deksel, het	the lid
denken	to think
deur, de	the door
dezelfde	the same
dichtbij	close by
dichtdoen	to shut
dichtschuiven	to draw (curtains)
dictafoon, de	the dictaphone
die	which
dief, de	the thief
diep	deep
dier, het	the animal
dik	thick
Dinsdag	Tuesday
direct	direct(ly)
directie, de	the managers
dobberen	to roll, toss (of waves)
doen	to do
dof	dull
doodvonnis, het	the death-sentence
dooien	to thaw
dokter, de	the doctor
Donderdag	Thursday
donkerblauw	dark blue
door	through
doorlopen	to walk on
doorslag, de	the carbon copy
doos, de	the (small) box
dorst, de	the thirst
dorst hebben	to be thirsty
dorp, het	the village
dragen	to carry, to bear
dringen	to crowd
drinkbakje, het	the drinking bowl
drinken	to drink
drogen, zich	to dry oneself
dromen	to dream

dronken	drunk
droog	dry
droom, de	the dream
druif, de	the grape
druk	busy
drukkend	oppressive
dubbeltje, het	the ten cents coin
duren	to last
dus	therefore
duur	expensive
duur, op den	in the long run
duizend	thousand
dwars door	right across

E

echt	real
eentje	someone
eer, de	the honour
eenvoudig	plain, simple
eetkamer, de	the dining-room
eeuw, de	the century
ei, het	the egg
eigen	own
eigenaar, de	the owner
eigenlijk	actual, real(ly)
eik, de	the oak (tree)
eikenhout, het	the oak (wood)
eikenhouten	(made of) oak
eind, het	the end
eind, een	an end, a length
eindeloos	endless
eindje, een	a short length of, a short distance
el, de	the ell (a Dutch yard)
elk	each
elkaar	each other
ellegoed, het	material sold by the yard
emmer, de	the pail
en	and
Engeland	England
enig	any
enkele	a few
étage, de	the floor, storey
etalage, de	the shop window
eten	to eat
eten, het	the food
etiket, het	the label
even	equally
exotisch	exotic

F

fabriek, de	the factory
fantasierijk	imaginative, inventive
Februari	February
feest, het	the feast
feestelijk	festive
fel	violent
feniks, de	the phœnix
fiets, de	the bicycle
fietsen	to cycle
fles, de	the bottle
fluisteren	to whisper
fluweel, het	the velvet
fonkelen	to sparkle
fontein, de	the fountain
forceren	to force (open)
foto, de	the photograph
fout, de	the fault, flaw, mistake
fris	fresh
fruit, het	fruit (in general)

G

galanterieën, de	the fancy goods
gang, de	the corridor, passage
gangbaar	current
gat, het	the hole
gauw	quickly
gebeuren	to happen
gebouw, het	the building
gedachte, de	the thought
geen	no, not any
geel	yellow
gefladder, het	the fluttering
geheim, het	the secret
geheimzinnig	mysterious
gehinnik, het	the neighing
gekleurd	coloured
gelakt	lacquered, enamelled
geld, het	the money
geldstuk, het	the coin
geleden	past

gelegen	situated
geloven	to believe
geluidloos	soundless
geluk, het	the (good) luck
gelukken	to succeed
gelukkig	lucky, luckily
gelukwensen	to congratulate
gemeente, de	the municipality
genieten	to enjoy (oneself)
genoeg	enough
gereed	ready
getal, het	the figure, number
getij, het	the tide
getrouwd	married
geur, de	the odour
gevaar, het	the danger
gevaarlijk	dangerous
geval, het	the affair, business
gevel, de	the façade, front of house
gevoel, het (pl.: de gevoelens)	the feeling (the feelings)
geweer, het	the gun, rifle
gewei, het	the antlers
gewoon	ordinary
gezelschap, het	the company
gezicht, het	the face
gezond	healthy
gilde, het	the guild
glans, de	the gleam
glanzend	gleaming, shiny
glas, het	the glass
glasblazerij, de	the glass-blowing works
glazen	of glass
glijden	to glide
glimlach, de	the smile
goed	good
goed, het	the material
goederen, de	the goods
golf, de	the wave
gooien	to throw
gordijn, het	the curtain
goud, het	the gold
graan, het	the corn, wheat
gracht, de	the (town) canal
gras, het	the grass
graven	to dig
grijs	grey
groeien	to grow
groen	green
groet, de	the greeting
grommen	to grunt
grond, de	the ground
groot	large, great
gulden, de	the guilder, florin

H

haantje, het	the (weather) vane
haar, het	the hair
haar	her
haard, de	the hearth
haas, de	the hare
hagel, de	the shot, pellets
hal, de	the hall
halen	to fetch
halfje, het	the half cent
hals, de	the neck
ham, de	the ham
hameren	to hammer
hand, de	the hand
handdoek, de	the towel
hangslot, het	the padlock
hard	hard
harken	to rake
haven, de	the harbour
heel	whole, entire
heel	very
heel wat	a good deal
heen en weer	to and fro
heerlijk	lovely
helaas	alas
helder	bright, clear
helderwit	pure white
helpen	to help
hemel, de	the sky
herfst, de	the autumn
herkennen	to recognize
hert, het	the stag
heten	to be called
hetzelfde	the same
hinniken	to neigh
hoed, de	the hat
hoed, he hoge	the top hat
hoek, de	the corner
hoera	hurrah

hoeveel — how much, how many
Holland — Holland, the Netherlands
hoofd, het — the head
hoofdstad, de — the capital
hoofdstedelijk — of a capital (metropolitan)
hoog — high
hoogstwaarschijnlijk — very probably
hoogte, de — the height
hoop, de — the heap
hoop, de — the hope
hopen — to hope
horen — to hear
horizon, de — the horizon
hotel, het — the hotel
houden van — to like
hout, het — the wood
houten — wooden
huilen — to cry, weep
huis, het — the house
huis, naar — home, homeward
huishouden, het — the household
hun — their
huzaar, de — the hussar

I

idylle, de — the idyll
ijzer, het — the iron
ijzeren — of iron
ijzerdraad, het — the (iron) wire
in — in
inbraak, de — the burglary
inbreken — to burgle
inbreker, de — the burglar
indruk, de — the impression
ingericht — arranged
ingezetene, de — the inhabitant
inhoud, de — the contents
inkopen, de — the shopping
inkopen doen — to do the shopping
inkt, de — the ink
inktpot, de — the inkwell
instellen — to commence, institute

J

ja — yes
jaar, het — the year
jaarbeurs, de — the annual trade fair
jacht, de — the hunt
jagen — to hunt, to chase
jam, de — the jam
Januari — January
jas, de — the coat
jawel — yes, certainly
jong — young
jongelui, de — the young people
jongen, de — the boy
jouw — your
Juni — June
Juli — July

K

kaai, de — the quay
kaal — bare
kaars, de — the candle
kaartje, het — the ticket
kaas, de — the cheese
kabbelen — to ripple
kachel, de — the stove
kajuit, de — the cabin
kalender, de — the calendar
kalk, de — the lime
kalm — calm
kam, de — the comb
kamer, de — the room
kamp, het — the camp
kant, de — the side
kantoor, het — the office
kapseizen — to capsize
kar, de — the cart
karretje, het — the barrow
kat, de — the cat
katoen, het — the cotton
keer, de — the time, occasion
kei, de — the cobble
kelder, de — the cellar
kennen — to know (to be acquainted with)
kerk, de — the church
kerkhof, het — the churchyard
kers, de — the cherry
kerseboom, de — the cherry tree

kersepit, de — the cherry stone
keurig — neat
kiezen — to choose
kijken naar — to look at
kind, het — the child
kinderkamer, de — the nursery
kist, de — the (packing) case
klaar — ready
klant, de — the customer
kleden, zich — to dress (oneself)
kleermaker, de — the tailor
klein — small
kleren, de — the clothes
klerk, de — the clerk
kleur, de — the colour
kleurig — colourful
klokje, het — the clock
knap — good-looking, clever
knoop, de — the button
knop, de — the knob
koekje, het — the biscuit
koeloven, de — the cooling oven
kogel, de — the bullet
kok, de — the (man) cook
kolen, de — the coal
kolenbak, de — the coal-scuttle
komen — to come
konijn, het — the rabbit
kooi, de — the cage, the bunk
koop, te — for sale
koopman, de — the merchant
kopen — to buy
koper, het — the brass, copper
koperwerk, het — the brasswork
koren, het — the corn, wheat
kosten — to cost
koud — cold
kraam, het — the booth, stall
kraan, de — the tap
kracht, de — the force, power
krant, de — the newspaper
kris-kras — criss-cross
kronkelen — to wind, meander
kruid, het — the herb
kruidenier, de — the grocer
kruideniers-winkel, de — the grocer's shop
kruier, de — the porter
kruik, de — the jug
kruis, het — the cross
kruit, het — the gunpowder
kruk, de — the stool
kuil, de — the pit
kunnen — to be able (can)
kurk, de — the cork
kurketrekker, de — the corkscrew
kust, de — the coast
kwaad — angry
kwart over — a quarter past
kwart voor — a quarter to
kwartier, het — the quarter of an hour
kwartje, het — the 25 cent piece
kwijt — lost

L

laag — low
laag, de — the layer
laat — late
laatje, het — the till
laatste, de — the last
lach, de — the laughter
lachen — to laugh
laden — to load
lading, de — the cargo
land, het — the land
landhuis, het — the country house
landschap, het — the landscape
lang — long
langs — along
lauw — tepid
lauweren, de — the laurels
lauwertak, de — the laurel branch
leeg — empty
leggen — to lay
leiden — to lead
lekker — nice (to eat)
lengte, de — the length
lente, de — spring
lepel, de — the spoon
lessen — to quench
lessenaar, de — the desk
leuningstoel, de — the armchair

leven, het	the noise, (the) life
leven	to live
licht, het	the light
lichtblauw	light blue
lichtend	with haze of light
lid, het	the member
liever	rather
liggen	to lie
lijken	to seem
lijn, de	the line
lijst, de	the list
links	(on the) left
linnen, het	the linen
lint, het	the ribbon
listig	cunning
logee, de	the guest
logeerkamer, de	the spare room
logies, het	the foc's'le
lokaal, het	the room (not a living room)
loket, het	the booking office, the sliding window of office, etc.
loop, de	the barrel (of gun)
lopen	to walk
lorrie, de	the lorry
los	loose
lossen	to unload
lucht, de	the air, the sky
lucifer, de	the match
luciferdoosje, het	the matchbox
luisteren naar	to listen to
lukken	to succeed
lunchroom, de	the lunchroom

M

maaksel, het	(the) make
maaltijd, de	the meal
maand, de	the month
Maandag	Monday
maar	but
Maart	March
magazijn, het	the store rooms
mahoniehout, het	the mahogany
mailboat, de	the mailboat
maken	to make
makkelijk	easy, easily
mand, de	the basket
manier, de	the way, manner
mantel, de	the cloak
markt, de	the market
marktplein, het	the market square
medicijn, de	the medicine
meer	more
meest	most
meeuw, de	the seagull
Mei	May
meisje, het	the girl
melk, de	the milk
melkboer, de	the milkman
men	one
menie, de	minium, red-lead
mensen, de	the people
merken	to mark
mes, het	the knife
met	with
meubel, het	the piece of furniture
middag, de	the afternoon
middags, 's	in the afternoon
midden, het	the middle
mijn	my
mijl, de	the mile
mikken	to aim
minuut, de	the minute
misschien	perhaps
modern	modern
moe, moede	tired
moed, de	the courage
moeder, de	the mother
moedig	courageous
moeilijk	difficult
moeite, de	the trouble
moeten	to have to, must
mogelijk	possible
mogen	to be allowed, may
mond, de	the mouth
monster, het	the sample
mooi	fine
morgen, de	the morning
morgens, 's	in the morning
mosterd, de	the mustard
motor, de	the motor

motorschip, het — the motor-vessel
munt, de — the coin
muur, de — the wall
muziek, de — the music

N

naar buiten — to the country
naar de stad — to town
naartoe — towards
naast — beside, at the side of
nabij — near
nacht, de — the night
nachts, 's — at night
nachtwaker, de — the night watchman
nadruk, de — the emphasis
nagaan — to check
nagel, de — the nail (of finger)
nagelborstel, de — the nailbrush
namaken — to imitate
namelijk — namely
nat — wet
natuurlijk — naturally
nauw — narrow
nauwkeurig — accurate
Nederland — Holland, the Netherlands
neerkletteren — to clatter down
neerlaten — to let down
neerzetten — to put down
nemen — to take
net als — just like
niet — not
niets — nothing
nieuw — new
nieuwerwets — new-fangled
nodig — necessary
nodig hebben — to need
nog — yet, still
nog steeds — still
nogal — fairly, rather
notaris, de — the notary (public)
November — November
nuttig — useful

O

October — October
oever, de — the bank
ogenblik, het — the moment
olie, de — the oil
om — round
omdat — because
omgeven — to surround
omhoog — up
omringd — surrounded
onder — under
ondersteboven — upside down
onderzoek, het — the investigation
ongeduldig — impatient
ongelooflijk — incredible
ongestoord — undisturbed
ongetrouwd — unmarried
ongeveer — about
onheilspellend — ominous
onmiddellijk — immediately
ons — our
ontbijt, het — the breakfast
ontbijtkoek, de — the breakfast-cake
ontbijtworst, de — the breakfast-sausage
ontdekken — to discover
ontrollen — to unroll
ontsnappen — to escape
ontvangen — to receive
ontvingen (*see* ontvangen)
onverwacht — unexpected
oog, het — the eye
ook — also
oorlog, de — the war
op — on
opeens — at once
open — open
opendoen — to open
operatie, de — the operation
opeten — to eat, to eat up
opgetuigd — harnessed, with trappings
opgeven — to state
opgewonden — excited
opklimmen — to climb up
oplichten — to lift up
opnemen — to take up
oprapen — to pick up
oprollen — to roll up

opruimen — to clear away
opstaan — to get up
opsteken — to rise (of storm)
orangerie, de — the conservatory
oranje — orange
ordelijk — orderly
orkaan, de — the hurricane
orkest, het — the orchestra
oud — old
ouders, de — the parents
oven, de — the oven
overboord — overboard
overdag — during the day
overkant, de — the other side (across)
overtocht, de — the crossing

P

paal, de — the post
paar, het — the couple, pair
paar, een — a couple, a pair, a few
paard, het — the horse
paard, te — on horseback
paardedokter, de — the horsedoctor
paars — purple
pad, het (pl.: de paden) — the path(s)
pak, het — the suit (of clothes)
pakhuis, het — the warehouse
pakken — to pack
pand, het — the premises
pap, de — the porridge
papier, het — the paper
paraplu, de — the umbrella
pas — only
passagier, de — the passenger
peer, de — the pear
peinzen — to ponder
pen, de — the pen
perceel, het — the premises
perron, het — the platform
persen — to press
pijama, de — the pyjamas
pijn, de — the pain
pijp, de — the pipe
piloot, de — the pilot (of balloon)
pistool, het — the pistol
pit, de — the stone, pip
plakkaat, het — the proclamation, notice
plakken — to stick
plan, het — the plan
plank, de — the plank
planten — the plant
platteland, het — the country, the countryside
plattelandsmensen, de — the country folk
plegen — to commit
plein, het — the square
plek, de — the spot
plotseling — suddenly
pluche, de — the plush
plus minus — approximately
poetsen — to polish
poker, de — the poker
Polen — Poland
poort, de — the gate(s)
poosje, een — a little while
pot, de — the pot
potje, het — the jar
potlood, het — the pencil
pracht, de — the splendour
prachtig — splendid
prettig — pleasant
priëel, het — the pergola
product, het — the product
put, de — the pit

R

raam, het — the window
raken — to touch, hit
raken — to get
rechercheur, de — the detective
rechtop — straight, upright
rechts — on the right
regen, de — the rain
regenen — to rain
reis, de — the journey
reis, op — on a journey
reizen — to travel
reiziger, de — the traveller
rek, het — the rack
rekening houden met — to take into account

rekenmachine, de	the calculating machine
ressorteren onder	to be in the district of
rest, de	the rest
restant, het	the remainder
restaurant, het	the restaurant
rij, de	the row
rijden	to ride
rijk	rich
rijtuig, het	the carriage
rit, de	the ride
roeiboot, de	the rowing boat
roepen	to call
roer, het	the rudder, the wheel
roerloos	immobile
roken	to smoke
rol, de	the roll
rollen	to roll
romantisch	romantic
rommel, de	the junk, rubbish
rommelig	rubbishy, untidy
rommelkast, de	the box room, the lumber room
rood	red
rose	pink
rots, de	the rock
ruiken	to smell
ruim, het	the hold (of ship)
ruim	roomy, spacious
ruimte, de	the space
ruiter, de	the horseman
rukken	to wrench
rumoerig	noisy
Rusland	Russia
rust, de	the rest
rustig	quiet, peaceful
ruw	rough

S

saus, de	the sauce
schaal, de	the dish
schaduw, de	the shadow
schatrijk	wealthy
scheerkwast, de	the shaving-brush
scheermes, het	the razor
scheerzeep, de	the shaving-soap
scheiden	to separate
schemer, de	twilight
schenken	to pour
scheren, zich	to shave
scherf, de	the splinter (of glass)
scheuren	to tear
scheurmand, de	the waste-paper basket
schieten	to shoot
schijnen	to shine
schijnen	to seem
schilder, de	the painter
schip, het (pl.: de schepen)	the ship (the ships)
schipbreuk, de	the shipwreck
schipbreuk lijden	to be shipwrecked
schitteren	to sparkle, shine
scholen	to crowd
schoonheid, de	the beauty
schoonmaken	to clean
schoorsteen, de	the funnel, the chimney
schoorsteen-mantel, de	the mantelpiece
schop, de	the spade
schot, het	the shot
schrijfmachine, de	the typewriter
schrijven	to write
schudden	to shake
schuim, het	the foam
schuitje, het	the basket (of balloon)
schuiven	to push, shove
schuw	shy
September	September
serre, de	the greenhouse
servet, de	the napkin
sigaar, de	the cigar
sigaret, de	the cigarette
sinaasappel, de	the orange
slaan	to beat
slaap, de	the sleep
slaap vallen, in	to fall asleep

slaapkamer, de	the bedroom
slag, de	the blow
slager, de	the butcher
slapen	to sleep
slecht	bad
slepen	to drag
slingeren	to wind
slot, op	locked
smal	narrow
smelten	to smelt, to melt
smid, de	the smith, the blacksmith
sneetje, het	the slice
sneeuw, de	the snow
sneeuwen	to snow
snel	fast
sneltrein, de	the express (train)
snijbrander, de	the oxyacetylene cutter
snijden	to cut
snijden, zich	to cut oneself
snoepwinkel, de	the sweet-shop
soda, de	the soda
soms	sometimes
spatten	to splash
spelen	to play
spiegel, de	the mirror
spoeden, zich	to hasten
spoelen	to rinse
spons, de	the sponge
sporen	to travel by rail
springen	to jump
sprookje, het	the fairy-tale
staafje, het	the stick (small bar)
staal, het	the steel
staan	to stand
staangeld, het	the market dues
stad, de	the town
stadhuis, het	the town hall
stalen	made of steel
stapel, de	the pile
stappen	to step
statig	stately
station, het	the station
steeds	ever
steen, de	the stone
stempelen	to stamp
sterk	strong
sterven	to die
stevig	firm
stijgen	to rise
stil	quiet, still
stoel, de	the chair
stoep, de	the *stoep*, the house pavement
stof, de	the stuff, material
stof, het	the dust
stoffig	dusty
stoom, de	the steam
stoompijp, de	the steampipe
stoot, de	the knock
stoppen	to stop, to fill (a pipe)
storm, de	the storm
straat, de	the street
strand, het	the (sandy) beach
stro, het	the straw
stromen	to run, to flow
stroom, de	the stream
studeren	to study
struik, de	the bush
struikelen	to stumble
stuiver, de	the five cent piece
stuk, het	the document
stuurman, de	the mate (=ship's officer)

T

taal, de	the language
tabak, de	the tobacco
tafel, de	the table
tafellaken, het	the tablecloth
tak, de	the branch
tand, de	the tooth
tandenborstel, de	the toothbrush
tandpasta, de	the toothpaste
tang, de	the tongs
tapijt, het	the carpet
telefoon, de	the telephone
terechtkomen	to land
terras, het	the terrace
terug	back
terruggeven	to give back, return

terwijl	whilst
teugel, de	the bridle
tevoren	before, beforehand
tevreden met	satisfied with
tezamen	together
theekist, de	the tea chest
thermometer, de	the thermometer
tijd, de	the time
tijd, op	in time
timmerman, de	the carpenter
toch	yet
toegang, de	the admission, admittance
toestel, het	the apparatus
toets, de	the key (of typewriter)
toeval, het	the chance
toevallig	by chance
toilet, het	washing and dressing
ton, de	the barrel
toon, ten	on show
toonbank, de	the counter
toren, de	the tower
tot	until, to
traan, de	the tear
tram, de	the tram
trap, de	the stairs
trapgevel, de	the old-fashioned Dutch façade
trede, de (*or* de tree)	the step (of stairs)
trein, de	the train
treurig	sad
tronen	to be enthroned
trots, de	the pride
trots	proud
trouw	faithful
trouwen	to marry
tuin, de	the garden
tuinman, de	the gardener
Turk, de	the Turk
Turkije	Turkey
tussen	between
tweedehands	secondhand
twijfelaar, de	the doubter
twijfelen	to doubt
twijg, de	the twig

U

uiteengewaaid	windblown
uitleg, de	the explanation
uitstallen	to display
uitsteken	to stick out
uitstrekken, zich	to extend
uitval, de	the sally
uitzicht, het	the view, vista
uitzicht geven op	to look out on
uur, het	the hour
Uw	your

V

vacantie, de	the holidays
vader, de	the father
vallei, de	the valley
vallen	to fall
vallen, in slaap	to fall asleep
valpoort, de	the portcullis
van	of
vanuit	from, out of
varen	to sail, to go (of ship)
varen	to fare
vastmaken	to fix, attach
vat, het	the barrel
vechten	to fight
vee, het	the cattle
veearts, de	the vet.
veel	much, many
veilig	safe
ver	far
verbinden	to connect
verborgen	hidden
verder	farther, further
verdieping, de	the floor, storey
verdwijnen	to disappear
verf, de	the paint
verhaal, het	the story
verheugen, zich	to rejoice
verhogen	to heighten
verhuizen	to move
verkeer, het	the traffic
verkopen	to sell
verlaten	deserted

verlatenheid, de	the desolation
verleden, het	the past
verloofde, de	the fiancé(e)
verloving, de	the engagement
vermissen	to miss
vers	fresh
verschieten	to spend (of bullets)
verstaan	to understand
verte, de	the (far) distance
vertellen	to tell
vertonen	to show
vertraging, de	the delay
vertrapt	trodden on
vertrek, het	the room
vertrek, het	the departure
vertrekken	to leave
vervangen	to replace
vervelen, zich	to be bored
verven	to paint (of walls, etc.)
vervoeren	to transport
vervolgens	next, after that
verzameling, de	the collection
verzegelen	to seal
verzekeren	to assure, to insure
verzoeken	to request
verzorgen	to tend
vestigen	to establish
vierkant	square
vijand, de	the enemy
vinden	to find
vinder, de	the finder
violet	violet
vis, de	the fish
vissen	to fish
vlag, de	the flag
vlak bij	near by, close to
vlak voor	straight in front of
vlam, de	the flame
vlees, het	the flesh, meat
vliegen	to fly
vliegtuig, het	the aeroplane
vloer, de	the floor
vlucht, de	the flight
vluchteling, de	the refugee, fugitive
vlug	quick
vlug mogelijk, zo	as quickly as possible
voedsel, het	the food
voerman, de	the carter
vogel, de	the bird
vol	full
volgeladen	laden
volgen	to follow
volgend	following
volwassen	adult
voor	before, in front of
voor	for
vooral	above all
voorbij	past
voorgrond, de	the front, foreground
voorhoofd, het	the forehead
voorkant, de	the front
voorschijn komen, te	to appear
voorschip, het	the foc's'le
voorspoedig	prosperous
voorste, de	the front one, the foremost
voorwerp, het	the object
voorzichtig	careful
vorderen	to get on (with)
voren, van	in front
vorig	previous
vork, de	the fork
vormen	to form, shape
vouwstoel, de	the deck-chair
vraag, de	the question
vragen	to ask
vreemd	foreign, strange
vreemdeling, de	the stranger
vreselijk	terrible
vriend, de	the friend
Vrijdag	Friday
vroeg	early
vroeger	earlier, former(ly)
vrolijk	gay
vrouw, de	the wife, the woman
vrucht, de	the fruit

vuil	dirty
vullen	to fill
vurig	fiery
vuur, het	the fire

W

waaien	to blow (of wind)
waar	true
waar	where
waarnemend	deputy, acting
wachten	to wait
wachten op	to wait for
wagen, de	the cart
wakker	awake
wal, de	the rampart
wand, de	the wall
wandelen	to walk
wankelen	to totter
want	for
wantrouwend	with suspicion
warm	warm
waskom, de	the washbasin
wassen, zich	to wash
wat	some, something
water, het	the water
week, de	the week
weer, het	the weather
weer	again
weerstaan	to resist
weerszijden, aan	on both sides (either side)
weg, de	the road, the way
weg	away
weggaan	to go away
weggooien	to throw away
wegschemeren	to fade away in twilight
wegwijzer, de	the signpost
wel	certainly
weldra	soon
welk	which
werk, het	the work
werkelijk	real
werken	to work
werking, in	at work
werkman, de	the workman
werklui, de	the workmen
werktuig, het	the tool
werpen	to throw
weten	to know
wezen, het	the being
wie	who
wijd	wide
wijken	to give way, recede
wijn, de	the wine
wijzen	to show, point out
wild	wild
willen	to want to
wind, de	the wind
winkel, de	the shop
winter, de	the winter
winters, 's	in winter
wip, in een	in a moment
wisselen	to exchange
wisselkantoor, het	the *bureau de change*
wisselkoers, de	the rate of exchange
wit	white
witkalken	to whitewash
Woensdag	Wednesday
wol, de	the wool
wolk, de	the cloud
wonder, het	the wonder
wonderlijk	wonderful
wonen	to live, dwell
woning, de	the dwelling
woord, het	the word
worden	to become
worst, de	the sausage
wortelen	to strike root

Z

zaak, de	the business
zacht	soft(ly)
zachtjes	softly, gently
zagen	to saw
zak, de	the pocket
zaken doen	to do business
zakmes, het	the penknife
zand, het	the sand
Zaterdag	Saturday
zee, de	the sea
zeeman, de (pl.: de zeelui)	the sailor(s)

zeep, de	the soap
zeevaartschool, de	the school of navigation
zegellak, de	the sealing-wax
zegelring, de	the signet ring
zeggen	to say
zeil, het	the sail
zeildoek, het	the sailcloth
zeker	certain, certainly, with certainty
zelfs	even
zestal, een	half a dozen
zetten	to put
zich	oneself, himself, herself, etc.
zien	to see
zijde, de	the side
zijn	his
zilver, het	the silver
zilverpapier, het	the silver paper, tinfoil
zitkamer, de	the sitting room
zitten	to sit
zitting, de	the seat
zo	so
zo maar	just
zoeken	to seek, search
zolder, de	the loft, the ceiling
zomer, de	the summer
zomers, 's	in summer
zon, de	the sun
Zondag	Sunday
zonder	without
zonderling	curious
zowel	as well as
zuster, de	the sister
zuurstof, de	the oxygen
zwaar	heavy
zwart	black
zwemmen	to swim
zwijgen	to be silent
zwijn, het wilde	the wild boar

Other Dutch Language Titles from Hippocrene

DUTCH/ENGLISH/ENGLISH-DUTCH HANDY DICTIONARY
120 pages - 5 x 7 ¾ - 0-87052-049-0 - $8.95pb - (323)

DUTCH-ENGLISH/ENGLISH-DUTCH CONCISE DICTIONARY
418 pages - 4 x 6 -14,000 entries - 0-87052-910-2 -$11.95pb - (361)

DUTCH-ENGLISH/ ENGLISH-DUTCH STANDARD DICTIONARY
578 pages - 5 ½ x 8 - 35,000 entries - 0-7818-0541-4 - $16.95pb - (629)

1,000 DUTCH PROVERBS
Gerd de Ley
This collection is the 10th book in our bilingual 1000 Proverb series. The compilation document1000 of the Dutch culture's most significant proverbs, arranging them in alphabetical order by subject (over 100 subjects), with side-by-side English translation
131 pages - 5 ½ x 8 ½ - 0-7818-0616-X- W - $11.95pb - (707)

The Mastering Series

These imaginative courses, designed for both individual and classroom use, assume no previous knowledge of the language. The unique combination of practical exercises and step-by-step grammar emphasizes a functional approach to new scripts and their vocabularies. Everyday situations and local customs are explored variously through dialogues, newspaper extracts, drawings and photos. Cassettes are available for each language.

MASTERING FRENCH

288 pp • 5 ½ x 8 ½ • 0-87052-055-5 • $14.95pb • (511)
2 Cassettes: • 0-87052-060-1 • USA • $12.95 • (512)

MASTERING ADVANCED FRENCH

348 pp • 5 ½ x 8 ½ • 0-7818-0312-8 • W • $14.95pb • (41)
2 Cassettes: • 0-7818-0313-6 • W • $12.95 • (54)

MASTERING GERMAN

340 pp • 5 ½ x 8 ½ • 0-87052-056-3 • $11.95pb • (514)
2 Cassettes: • 0-87052-061-X USA • $12.95 • (515)

MASTERING ITALIAN

360 pp • 5 ½ x 8 ½ • 0-87052-057-1 • USA • $11.95pb • (517)
2 Cassettes: 0-87052-066-0 • USA • $12.95 • (521)

MASTERING ADVANCED ITALIAN

278 pp • 5 ½ x 8 ½ • 0-7818-0333-0 • W • $14.95pb • (160)
2 Cassettes: 0-7818-0334-9 • W • $12.95 • (161)

MASTERING JAPANESE

368 pp • 5 ½ x 8 ½ • 0-87052-923-4 • USA • $14.95pb • (523)
2 Cassettes: • 0-87052-983-8 • USA • $12.95 • (524)

MASTERING NORWEGIAN

183 pp • 5 ½ x 8 ½ • 0-7818-0320-9 • W • $14.95pb • (472)

MASTERING POLISH
288 pp • 5 ½ x 8 ½ • 0-7818-0015-3 • W • $14.95pb • (381)
2 Cassettes: • 0-7818-0016-1 • W • $12.95 • (389)

MASTERING RUSSIAN
278 pp • 5 ½ x 8 ½ • 0-7818-0270-9 • W • $14.95pb • (11)
2 Cassettes: • 0-7818-0271-7 • W • $12.95 • (13)

MASTERING SPANISH
338 pp • 5 ½ x 8 ½ • 0-87052-059-8 USA • $11.95 • (527)
2 Cassettes: • 0-87052-067-9 USA • $12.95 • (528)

MASTERING ADVANCED SPANISH
326 pp • 5 ½ x 8 ½ • 0-7818-0081-1 • W • $14.95pb • (413)
2 Cassettes: • 0-7818-0089-7 • W • $12.95 • (426)

All prices are subject to change without prior notice. To order Hippocrene Books, contact your local bookstore, call (718) 454-2366, or write to: Hippocrene Books, 171 Madison Ave. New York, NY 10016. Please enclose check or money order adding $5.00 shipping (UPS) for the first book and $.50 for each additional title.